단테의
신곡 읽기 5

구약역사: 사무엘서

단테의 신곡 읽기 5
구약역사: 사무엘서

초판 1쇄 발행 2025년 10월 25일

지은이 진영선
펴낸이 장현수
펴낸곳 메이킹북스
출판등록 제 2019-000010호

디자인 이정아
편집 최미영
교정 안지은
마케팅 김소형

주소 서울특별시 구로구 경인로 661, 핀포인트타워 912-914호
전화 02-2135-5086
팩스 02-2135-5087
이메일 making_books@naver.com
홈페이지 www.makingbooks.co.kr

ISBN 979-11-6791-782-9(04230)
ISBN 979-11-6791-781-2 (세트)
값 16,800원

홈페이지 바로가기

메이킹북스는 저자님의 소중한 투고 원고를 기다립니다.
출간에 대한 관심이 있으신 분은 making_books@naver.com로 보내 주세요.

5

단테의
신곡 읽기

구약역사: 사무엘서

진영선 지음

메이킹북스

목차

구약의 역사서들을 읽자는 마음은 2017년 6월 싱가포르의 한 국교회인 '드림교회'에서 장성원 목사님을 만나서 생겼다. 두 번 의 주일 예배를 참석하고 매주 화요일 오전(10시-12시)에 하는 성경 공부에 한 번 참석했다. 화요 성경공부에서 열왕기상 12장-19장 을 공부했다.

공부할 부분의 녹음을 한두 장씩 먼저 듣고 적절한 데서 멈춰, 목사님께 요지를 듣는다. 다음에 참석자들과 목사님의 격의 없는 질의와 응답이 오간다. 목사님은 주요 내용을 차분히 알려주고 질 문이 미진하면 질문을 유도하여, 바른 내용으로 인도한다. 넓은 강 당에 가득한 주일 예배 참석자들과 달리 화요 예배 참석자는 젊은 주부들 몇 분이지만 참 교회다웠다. 싱가포르 '드림교회' 신자들 모두가 여러 이유로 해외에 사는 동포들이다. 그들이 한 신학대학 의 건물을 빌려서 주일 예배를 올리고, 평소에도 기독신앙의 기치 아래 고군분투한다는 사실에 감탄했다. 성서 읽기는 험난한 세상 을 살기 위한 주님 은총의 지혜를 갈구하는 동시에 영원한 생명을 갈망하는 힘으로 이끈다.

구약성서의 역사서 소개

- 사무엘상·하, 열왕기상·하, 역대상·하, 여섯 권을 성서 역사 기

록이다. 구약성서 순서로 보면 모세 5경과 여호수아기의 뒤를 이어, 룻기 다음에 이어진다. 소위 사사 시대라 하여 유다 민족을 다스려오던 약 500년간 사사들의 신정Theocracy 시대가 지나서, 새로운 정치 형식인 왕정시대로 가는 유다 역사상 일대 전환기의 기록이다. -(김교신『성서개요』중에서)

이를 참작하면 여섯 책이 이스라엘 역사서다.

수년 전에 **단테의 신곡**을 통해 신약성서의 히브리서를 공부해야만 했었다. 그러나 성서 개관에 관한 이해력이 부족해서 힘들었다.

히브리서 1장부터 그 시작이 어려워, 이를 뛰어넘고 중간쯤인 히브리서 11장부터 읽어야 했다.

그때 히브리서 11장을 읽으려면, 반드시 구약성서 시작인 창세기, 출애굽기, 레위기, 민수기, 신명기를 읽어서 연결하는 작업을 해야만 했다. 그리해야 사도 바울의 진심을 어느 정도 이해할 수 있어서다.

창조주 하나님의 극진한 선민을 향한 기대와 사랑과 은혜가 인류를 향한 영원한 생명의 길인 평화를, 그들이 일러주기 때문이다. (『단테의 신곡 읽기 4 히브리서』, 그물코. 2017)

히브리서는 히브리인들, 즉 선민들의 역사를 반드시 알아야만 사도바울의 진심을 이해할 수 있다.

단테가 **신곡**을 통해 구약을 창세기부터 공부할 계기를 준 셈이다. 구약역사는 구약성서를 순서대로 읽으라고.

약사 공부란 누가, 언제, 어디서, 무엇을, 왜, 어떻게, 행하는가를 잘 짚어보면 된다. 또한 이를 지금 사는 세상과 겨루어 보는 일도 반드시 병행해야만 한다. 그래야 가장 바람직한 성서 역사 공부다. 과거의 잘못된 역사를 되풀이 않고, 선한 방향으로 인류가 진전하기 위해서다.

이런 여섯 가지의 일반 요건 외에도 꼭 주의해야 할 사항이 있다. 성서역사 속의 주인공이 항상 하나님이란 사실이다. 그분께서 누구와 말씀을 하시는가에, 무엇을, 어떻게 하시는가에, 왜 그렇게 하시는가에, 주시를 해야만 한다.

성서 역사에서 하나님께서 주도하신 사실들의 의미를 올바르게 캐어낼 수 있어야 참다운 공부다. 그리하여 그 바른 의미를 마음 깊이 담고 현재를 바르게 하나님 뜻대로 적극 활발히 적용해 살아야 한다.

여느 책을 읽듯, 성서를 무조건 통독만 하다간 수박 겉핥기에 그칠 수 있다. 그 이유는 우리들 마음의 중심이 하나님을 찾는가를 하나님께서 살피고 계셔서다.

고로 어느 때 어디에서 누구에게 어찌하여 어떻게 무슨 일이 생기고, 무슨 결과를 내는 과정인가 살펴야 한다. 그렇게 하여 생긴 결과가 다음 시대에 어떻게 연관되는가도 살펴야 한다. 그리해야만 살아 계신 하나님 역사의 연속성을 이해할 수 있고 대처를 구할 수 있다.

구약역사서는 선민들을 위한 유일신 하나님 신앙에서, 온 인류가 삼위일체 하나님 신앙으로 향해, 구원할 길을 제시하는 거룩한 기록이다.

하나님께선 우주 만물과 인류를 창조하셨다. 수많은 인류 종족들 중에서 한 민족을 택하신다. 소위 선민으로 불리는 이들의 조상들에게만 당신의 존재를 알리시며, 이를 기록하게 해서 구약성서가 전해 온다.

구약역사서에는 선민들이 그들의 본분인 하나님 믿음의 길에서 벗어나면 가차 없이 징벌하신 기록이 많다. 모세 시대부터 사사들 시대와 왕정 시대에서 선민들이 망하기까지의 잘못을 명확히 되짚어주는 기록이기도 하다. 즉 과거의 선민들이 하나님 불신의 오류를 되풀이하다 침잠해서 망해버린 사실이 한 축을 이루고 있기도 해서다.

영원히 다시 살려면, 하나님 믿음을 위한 그분의 실체를 바르게 알아야 하고, 그분의 가르침 속에서 흐트러지지 않고 살아야만 한다는, 결코 쉽지 않은 길이다.

그래도 용기내서 하나님 역사 속으로 들어가기로 한다.

흔히 말하기를, 과거 역사의 오류를 되돌아보고 그 잘못을 고치지 아니하면 그로써 망한다. 세상 최고 본보기가 선민들의 이스라엘 역사서다.

그러나 이 일이 실제로 얼마나 험난한 길인가는 대한민국 현대

사가 말해준다. 여전히 일제 잔재의 뒤끝이 작렬하듯 이어지는 답답한 시대여서다. 최고지배자는 물론 온 국민이 항상 깨어 일관성 있게 지속해야만 가능하다.

구약역사서 첫 책인 사무엘서 소개 요점을 올린다.

1. 역사기록이란 몇 사람의 걸출한 인물 행적을 기록하지만, 이스라엘 역사의 목적은 한 가지 목적, 혹은 한 인물을 통하여 하나님 섭리가 어떻게 나타나는가, 즉 사실의 인과관계가 어떠한 가를 명백히 표현하는 데 착안했다. 등장하는 주요 인물은 엘리, 사무엘, 사울, 다윗의 네 명이다.
2. 사무엘서는 여호수아기와 같이 전편을 일인의 행적으로만 기재하지 않는다. 사무엘서라는 이름은 처음에 그의 기사가 나와서다. 사무엘상 전체를 보면 사무엘보다는 다윗의 일대기가 전체의 반 이상을 점한다. 사무엘상·하서는 마치 다윗 한 사람을 드러내기 위해 쓴 듯하다.
3. 엘리는 사무엘의 출현에 참여하고, 사무엘은 사울이라는 유다 역사 최초의 왕에게 기름 붓는 역할을, 사울은 다윗이라는 유다인의 이상형의 대왕이 군림하기까지 없어서 안 될 한 단계로 존재했다. (김교신 전집 3『성서개요』)

엘리는 사무엘의 등장, 사무엘은 사울의 등장, 사울은 다윗의 등장에 필요한 존재였다. 구약성서에서 가장 중요한 인물의 하나인 다윗 왕의 등극이 언제 어디서 어떻게 왜 무엇에 필요하였는가를, 앞으로 살펴야 한다.

* 사무엘서 연대표
BC 1105 사무엘 탄생
BC 1080 사울의 탄생
BC 1050 사울 왕 지명
BC 1040 다윗 탄생
BC 1025 다윗이 사울 승계자로 지명
BC 1010 사울의 죽음과 다윗의 통치
BC 1003 다윗의 이스라엘 전체 통치
BC 970 다윗 통치 끝

* 사무엘서 저자는 미상,
연대는 이스라엘 왕국이 남북으로 갈릴 BC 930 즈음.
주제는 이스라엘을 이끄는 주체가 하나님과 사사들에서 하나님이 임명하신 왕들로 전환.
사무엘서의 제목이 하나님께서 이스라엘 군주국을 세우고자, 사무엘을 이스라엘의 두 왕, 사울과 다윗을 임명해서인 듯하다. 사무엘이 하나님 법질서의 새로운 정의를 이스라엘에 주었다. (NIV. 성서주해)

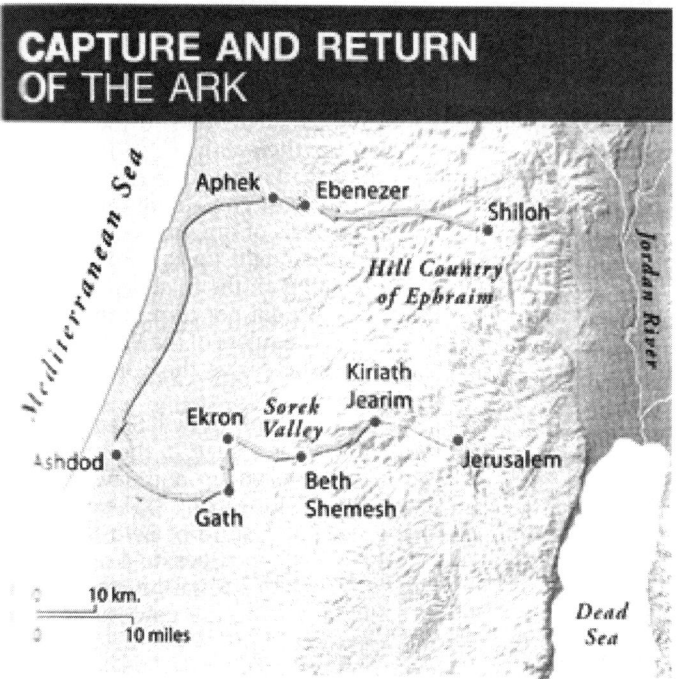

1. 언약궤 유린, 귀환 과정

실로-에벤에젤-아펙-아스돗-겟-베트 세메스-키리앗 예아림-
예루살렘

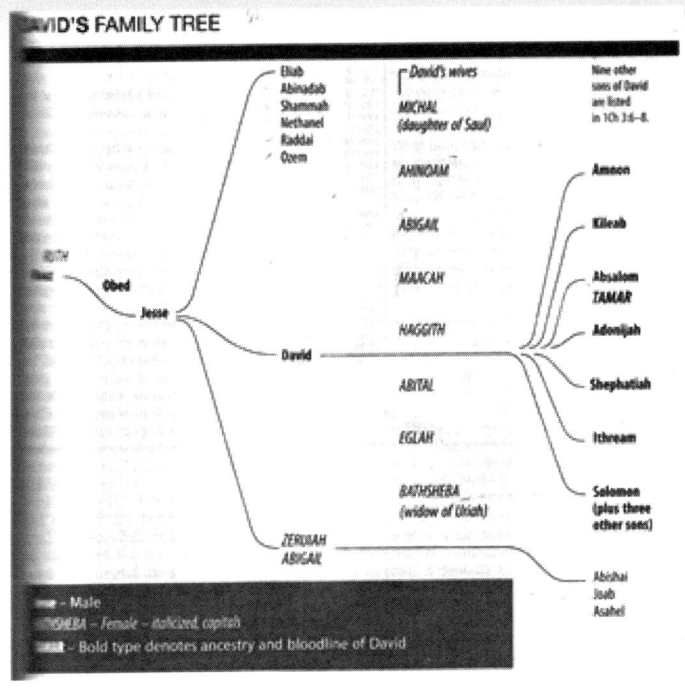

DAVID'S FAMILY TREE

2. 다윗 가문: (NIV. 435쪽)

다윗의 형제들, 부인 8명, 자녀 8명(암논, 킬렙, 압살롬, 타말, 아도니자, 쉐파티야, 이트림, 솔로몬) 사촌(아비새, 요압, 아사헬)

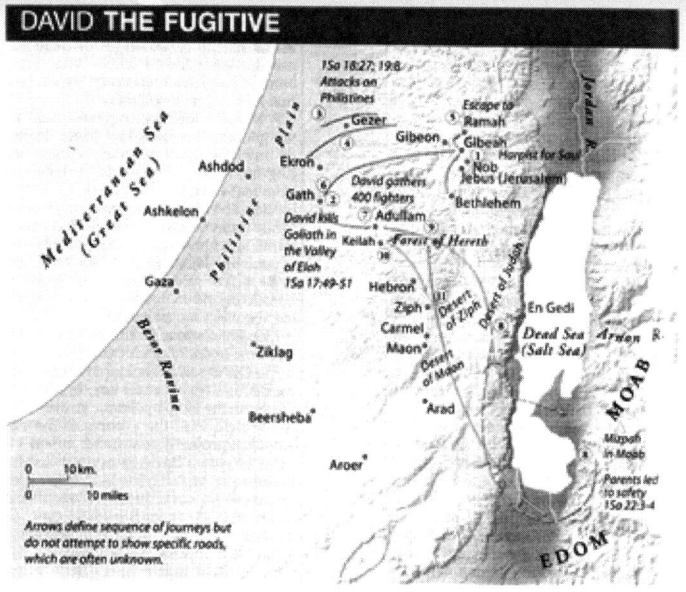

DAVID THE FUGITIVE

3. 다윗의 도주 과정 (NIV. 442쪽)

도주 과정; 1. 놉 2. 겟 3. 게젤 4. 에크론 5. 라마 6. 겟 7 아둘람 8. 모압의 미즈파(부모 안전히 합류) 9. 헤렛 숲 10. 케일라 11. 짚 사막

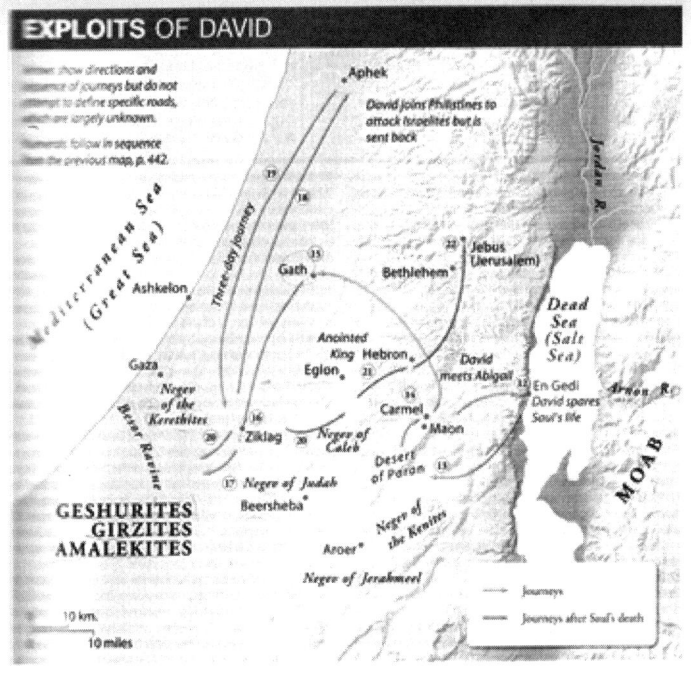

4. 다윗의 도주에서 위업의 과정 (NIV. 451쪽)

12. 엔게디(다윗이 사울 죽이지 않고 살려줌) 13. 파란 사막 14. 가멜 15. 겟 16. 지클락 17. 유다의 네겝 18. 아펙 19. 지클락 20. 칼렙의 네겝 21. 헤브론(왕 임명) 22. 여부스(예루살렘)

DAVID'S CONQUESTS

Once he had become king over all Israel (2Sa 5:1–5), David

(1) conquered the Jebusite fortress of Zion/Jerusalem and made it his royal city (5:6–10);

(2) received the recognition of and assurance of friendship from Hiram of Tyre, king of the Phoenicians (5:11–12);

(3) decisively defeated the Philistines so that their hold on Israelite territory was broken and their threat to Israel eliminated (5:17–25; 8:1);

(4) defeated the Moabites and imposed his authority over them (8:2);

(5) crushed the Aramean kingdoms of Hadadezer (king of Zobah), Damascus and Maakah and put them under tribute (8:3–8; 10:6–19). Talmai, the Aramean king of Geshur, apparently had made peace with David while he was still reigning in Hebron and sealed the alliance by giving his daughter Maakah in marriage to David (3:3; cf. 1Ch 2:23);

(6) subdued Edom and incorporated it into his empire (8:13–14);

(7) defeated the Ammonites and brought them into subjection (12:26–31);

(8) subjugated the remaining Canaanite cities that had previously maintained their independence from Israel, such as Beth Shan, Megiddo, Taanach and Dor.

Since David had earlier crushed the Amalekites (1Sa 30:17–18), his wars thus completed the conquest begun by Joshua and secured all the borders of Israel. His empire (united Israel plus the subjugated kingdoms) reached from Ezion Geber on the eastern arm of the "Red Sea" to the Euphrates River.

5. 다윗의 점령지(영토) (NIV. 478쪽)

(1) 다윗이 온 이스라엘 통치. 예부시트 요새(현재 예루살렘) 정복해 중심 도시 정함 (삼하5:6-10)

(2) 페니키아, 타이어(페니키아 항구) 왕 히람과 우정 확신, 인정받음 (삼하5:11-12)

(3) 필리스틴 제패, 이스라엘과의 영토 조약 동맹 제거 (삼하5:17-25)

(4) 모압 제패, 다윗 권위에 복종, 세금 부과 (삼하8:2)

(5) 아람 왕국들 하다데졸(조바 왕) 제패, 다마스쿠스, 마카, 공물 부과 (삼하8:3-12)

아람 왕 게술의 탈마이, 다윗과 평화조약 맺고 헤브론 시절에 딸 마카와 결혼시킴 (삼하3:3, 대상3:2)

(6) 에돔 족 복속, 합병 (삼하8:13-14)

(7) 암몬 족 대패, 복속 (삼하12:26-31)

(8) 그간 독립 유지하던 가나안 족속들 베트 샨, 메깃도, 타락 같은 도시 복속

여호수아가 시작한 가나안 정복전쟁 이후 다윗이 아말렉을 무찔러 모든 이스라엘 국경이 주변 이방 국가들에서 안전해짐. (삼상 30장) 이스라엘 영토가 홍해 동쪽 팔인 에지온 게발에서 유프라테스 강까지 이르렀다.

사무엘상 1장 내용

BC 1105년쯤, 에프라임 족속인 엘카나Elkanah가 두 아내와 살았다. 엘카나의 한 아내는 아이가 많고 다른 하나는 소생이 없는 한나Hannah였다. 한나가 남편 사랑을 많이 받았다. 그때 하나님 약속의 성궤가 실로Siloh(예루살렘 북쪽 약 30km 위치)에 있었다. (삼상1:1-8)

아기 못 낳던 여인, 한나 이야기로 사무엘서가 시작한다.

불임이 첫 소재라서 믿음의 조상 아브라함과 사라의 불임 사건이 곧 연상된다.

하나님 역사가 인류의 조상 아담과 이브를 지으시어 시작한다. 하나님께서 당신 형상을 닮게 짓고 당신의 영을 넣으신 첫 창조물 아담과 이브는 하나님 피조물이다. (창1:27, 2:21-22, 5:1-2) 이들이 하나님 형상인지라 아담과 이브는 영원한 생명의 존재였다. 그러나 이들이 죽음의 존재로 변했다.

까닭은 인류보다 앞선 하나님의 피조물인 천사들 중에 타락천사들 대장인 루시퍼가 하나님 말씀에서 벗어나 순종하지 않고 아담과 이브를 하나님 말씀에 불복하게 유혹을 해서다. 인류의 조상인 아담과 이브도 하나님 명령을 순종하지 않아서 죽음에 이른다. 그리하여 죽여야 하는 존재로 타락했다. 그 타락천사들 무리처럼 천상에서 지상으로 쫓겨났다.

하나님께서 아담 부부에게 주신 에덴동산에서 지상으로 쫓겨난다. 그리하여 그들은 물론 지상에서 낳은 그들의 후손들도 죽게 되어 오늘에 이른다. 그때부터 인류의 후손들을 노리는 두려운 죽음이 만물의 영장인 우리가 사는 동안 항상 노리며 지배하려고 시시각각 우릴 노린다.

그러나 사랑과 은혜의 창조주 하나님께서 죽음에 빠진 우리를 다시 영원한 생명으로 되돌리시고자 기획하신 구약과 신약의 하나님 약속 말씀을 하셨다.

이 최초 인간인 아담 부부가 지상에서 얻은 두 아들 카인과 아벨의 비극이 하나님 인류 역사 구원 기획의 시작점이다. 그 이유는 죽은 아벨을 대신해서 하나님께서 아담 부부에게 새로 주신 아들인, 셋Seth(창2-4)의 선한 후손들이 노아의 홍수까지 악한 카인의 후손들과 공존했음을 볼 수 있어서다.

아담부터 노아에 이르는 인류의 조상들 10대 후손의 족보가 나온다. (창5:3-32)

노아의 아들 셈Shem부터 아브라함까지 10대 족보가 나온다. (창11:11-26)

이런 사실을 감안하며 성서 인물들의 됨됨이와 활동상을 살펴 읽어야 한다.

성서에서 사무엘 부모와 같은 불임 부부의 예는 다음과 같다.

1. 아브라함과 사라 부부 (창12-22)

2. 이삭과 레베카 부부 (창25)

3. 야곱과 라헬 부부 (창30:22, 35:16-22)

4. 삼손을 낳은 부모 마노아 부부 (삿13:1-25)

5. 세례요한을 낳은 즈카리야와 엘리자벳 부부 (눅1:1-25)

이로써 세상 인류 조상의 족보 시작도 성서임을 읽는다. 이는 메시아를 위한 '하나님의 사람들' 족보다.

악의 유혹으로 잃은 영원한 생명을 다시 구해주시려는 하나님의 거룩하신 의도시다. 인간의 차원과 전혀 다름을 볼 수 있어야 한다.

하나님께선 선한 아벨의 피에 대한 응징을 카인에게 철저히 하신 사실로 알 수 있다.

창4:10 하나님께서 카인에게 말씀하신다. '네가 무슨 일을 하였냐? 네 동생의 피가 그 땅에서부터 나에게 울부짖는구나. ¹¹ 너는 지금 네가 흘린 그 피를 받으러 입을 벌렸던 바로 그 땅에서 추방되고 저주받는다. ¹² 네가 그 땅을 경작하면 더는 그 땅에 작물이 나오지 않으리라. 너는 지상에서 방랑자, 도망자가 되리라.'

하나님께서 선한 사람의 참혹하고 억울한 피에 대해, 결단코 도외시하지 않으심을 창세기 시초에 경고하심이 새삼스럽다. 왜냐면 이 아벨의 피에 관해 하나님께서 위와 같이 말씀하신 듯이, 주 예수 그리스도께서 이를 마23:35에 언급하셔서다.

그리고 사도 바울 또한 히11:4에서 중대하게 아벨을 언급해서다. (『단테의 신곡 읽기 4』 20-29쪽 참조)

　하나님의 응징 기록을 살펴보며 동시에 결혼한 부부의 불임 문제에 관해 하나님께서 철저히 역사하신 사실을 깨닫는다. 생명을 주시는 하나님이심을 새삼 각성케 한다. 왜냐면 하나님 의도에 맞는 사람들을 찾으신 사실로 보이기 때문이다. 성서의 불임 부부 기사들이 인류 역사 기록 이전에 팽배했던 일부다처제의 불편부당함을 계몽하는 기록처럼 보인다. 하나님께서 수많은 불임 부모들의 마음까지 헤아리심도 알리는 기록이다.

　새 생명인 아이를 주심에 그들이 감사하는가, 아닌가를 살핀다는 기록이다. 성서에나 역사에나 큰 인물 탄생에는 하나님의 거룩하신 손길이 함께하셨음을 알리는 역사 이전 기록이라 소중하다.

　신약성서의 첫 책인 마태복음이 아브라함에서 시작, 사십 대에 이르는 우리 주 예수 그리스도의 족보다. 주께선 아담부터 60대째 손이시다. (『단테의 신곡 읽기 4』 33-34쪽)

　인간의 탄생, 결혼, 죽음에는 하나님 손길이 함께하심을 알린다. 세계 역사에 끼친 기독교의 큰 공헌이 일부일처제이어서다.

　하나님께서 엘크나의 불임 아내인 한나에게 역사하신 이유를 볼 수 있다. 한나 자신의 열렬한 믿음을 살펴보셔서다. 창세기에 나오는 야곱의 두 아내 레아와 라헬 자매와 비슷하나, 크게 다르다. 바로 하나님을 향한 여인들의 믿음의 차이라고 할 수 있다. (창

야곱의 첫 부인 레아는 순전하고 선한 마음으로 하나님을 믿었다. 야곱을 사랑했지만, 야곱이 동생 라헬을 항상 사랑했기에 레아는 자신의 사랑을 나타내지 못했으리라.

그러다 야곱의 첫 아내가 되는 행운을 누리니 레아가 놀라고 행복해서 가족의 사랑은 물론하고 하나님께 깊이깊이 감사했으리라. 이는 야곱의 사랑을 받던 라헬보다 사랑을 못 받은 언니 레아에게 아들 넷을 먼저 주신 하나님의 공평하신 그 깊은 처사에서 가늠을 할 수 있다.

하나님께선 약자 편이시고 그 약자들 심중의 겸손한 사랑과 당신을 향한 굳건한 믿음을 항상 살피시기 때문이다. 또한 하나님께서 이들 두 자매를 통해 야곱이 낳은 열두 아들들이 이스라엘 선민들을 이루게 하심은, 두 자매 사이의 선한 경쟁을 늘 살피시며 아브라함에게 하신 당신 약속의 기초를 삼대에 가서 이루어 주셨음을 볼 수 있다.

이러한 레아와 라헬과는 반대로 엘크나의 첫 아내 페닌나는 불임인 한나를 매년 하나님 전에 갈 때마다 비웃고 조롱했다. 같은 여자로서 불임이 얼마나 가슴 아픈 일인가에 조금도 동정심이 없었다. 남편 사랑을 받는 한나를 향한 시기심만 있었다. 자신에게 귀한 생명인 아들들을 주신 하나님께 감사할 줄 모른다. 그녀의 아들들 이름이 성서에 없음은 우연일 리 없다. 모친 닮아 믿음 없이 자랐으리라. 생명 탄생 기사가 하나님의 거룩함과 부부 믿음과 사랑의 모범을 보인다.

한나가 어느 해 하나님께 직접 그녀 고충을 고하기로 작정한다. 늙은 엘리가 신전 문전에 앉아 있을 때 한나가 대열망의 기도를 긴 시간 올린다. 엘리는 그녀가 취한 줄 알고 꾸짖는다. 한나가 하나님께 호소하며 서약 기도 중이라 해명하자 엘리가 하나님께서 소원을 들어주시기 바란다고 축복하며 돌아가라 한다. (삼상1:3-8)

이후 한나가 제사장 축복을 받고 전혀 근심하지 아니한다. (삼상 1:9-18)

하나님께서는 엘리 사제의 축복과 한나의 간절한 기도를 들어주신다.

하나님께선 한나가 아기를 갖게 하시어 사무엘을 낳게 하신다. 기도를 들어주신 하나님께 감사하며 한나가 자신의 서원을 엄숙히 지킨다. (삼상1:19-28)

사무엘상 2장 내용

한나는 자신이 낳은 아기 사무엘이 젖을 떼자, 하나님께 올린 서원대로 하나님 전에 맡기러 실로의 엘리에게 데려간다. 한나가 엘리 제사장에게 사무엘을 하나님의 사람으로 키워주길 당부하며, 하나님께 감사한다.

엘리가 놀라며 크게 반겼으리라.

한나의 하나님을 찬양한 시는 용맹무쌍한 용사의 시와 같고 여인의 시로 보이지 않는다. 한나의 하나님 믿음의 곧고 깊음을 느낄

수 있다. (삼상2:1-10)

서너 살의 어린 사무엘과 모친 한나가 이별하기 쉽지 않았으리라.

아기 사무엘은 엄마 뱃속부터 기도 소리를 들었으리라. 또한 젖을 먹는 동안에도 하나님께서 주신 아이니까 하나님을 섬겨야 한다고 들었으리라. 하나님께서 주셨으니 하나님 집에서 자라야 한다고 들었으리라. 젖을 먹으며 말을 하게 되기까지 하나님 찬양을 어머니로부터 들었으리라.

이러한 한나와 사무엘 모자를 만난 늙은 제사장 엘리가 놀라 감사했으리라.

엘리가 어린 사무엘을 맡아서 하나님 전에 살게 하며, 말씀을 배우도록 잘 돌보았으리라. (삼상2:11)

어린 사무엘이 하나님 믿음을 엘리에게 배우며 자란다.

반면에 늙은 엘리를 대신해 사제 일을 하는 엘리의 두 아들들에겐 부친과 달리 하나님 믿음도 두려움도 없다. 그들이 하나님 전에 올리는 선민들의 하나님 제사 의식의 음식들을 함부로 취하는 불경건한 행위를 저지른다. (삼상2:12-16)

지극히 경건해야 하는 하나님 사제로서 하나님 전에 올리는 제물들을 대하는 엘리의 두 아들들 죄가 극심했다. (삼상2:17)

이에 비해 하나님 전에 머무는 어린 사무엘을 위해 모친 한나가 매년 실로에 올 때마다 커가는 아들에게 옷을 지어온다. 이런 한나 부부의 정성에 제사장 엘리가 그들 부부를 축복한다. 그리하여 엘리가 그들에게 다른 후사 주시기를 하나님께 기원하자 하나님께서 세 아들과 두 딸을 한나 부부에게 더 주신다. (삼상2:18-21)

또한 제사장 엘리가 자신의 두 아들들이 신전에서 행하는 여러 만행을 장로들로부터 전해 듣자, 두 아들들을 꾸짖는다. (삼상2:22-24)

그러나 그들이 부친 말을 듣지 아니함은 하나님께서 그들을 죽이기로 뜻하셨기 때문이라 나와서 두렵다. (삼상2:25)

그 와중에 커가는 사무엘이 하나님과 사람들에게 사랑을 받는다. (삼상2:26)

하나님의 저주가 엘리 일가에 내린다는 기사가 나온다.

이를 **하나님의 사람**이 엘리에게 와서 직접 전한다. 그들 일가에게 내릴 징벌의 원래의 시작점인, 그 원인을 하나님께서 자세히 엘리에게 알리는 경고시다. (삼상2:27-36)

삼상 2장은 두 가문의 이야기가 번갈아 나온다. 어린 사무엘이 크면서 점점 하나님 사랑받음이 그를 키운 제사장 엘리 가문의 몰락 경고 기사와 병행한다. 늙은 제사장 엘리가 한나를 축복하자 자녀를 더 주신 하나님이시다.

그런 엘리 제사장이 어찌하여 자신의 아들들의 비리 행위 고발엔 귀를 막았는가.

엘리가 두 아들 때문에 가문의 비극을 예고 받는다. 두 아들이 하나님께 올리는 제사 업무를 크게 잘못한다는 불평과 비난을 사람들이 엘리 제사장에게 고발한다. 그런 전갈에도 엘리가 하나님께 불경죄를 저지른 두 아들을 바르게 꾸짖지 아니해 문제가 커진다.

엘리 제사장이 두 아들 사제에게 말하길,

"사람들이 잘못하면 하나님께서 중재하시지만, 사람이 하나님께 잘못하면 누가 중재하겠느냐?" (삼상2:25)

대체 이 무슨 망발인가. 사람들이 잘못하면 하나님께서 사제들을 통해 중재하시어 잘못을 응징하게 하시고, 사람들이 하나님께 잘못하면, 이 또한 사제들이 하나님께 중재해서 용서를 빌거나 응징을 받게 하는 일이 그 자신의 업무 아닌가!

제사장과 그 아들들의 이런 대화 자체가 신성 모독죄다.

이는 레위기 9장, 10장의 기사와 맞닿아 대조되어 두렵다(『단테의 신곡 읽기 4, 히브리서』 레위기에서 보는 선민들의 과오. 116-120쪽).

하나님께서 모세에게 명하신 **레위기 1-10장**은 사제직의 신성함을 명시한다. 사제직의 종사자에겐 오직 하나님을 향한 진실한 믿음의 순종이라, 알린다.

특히 **레위기 1-8장**에는 하나님께서 모세에게 선민들이 하나님께 올리는 제사의 종류와 이에 따른 제물에 관한 규례를 세세히 엄숙히 가르쳐주신다.

레위기 9장에는 모세의 명령대로 아론이 그의 아들들의 도움을 받아 이스라엘 회중들 앞에서, 하나님께 속죄제, 번제, 화목제, 소제물을 차례대로 올린다. 그리고 아론이 제단에서 백성을 축복하고 속죄제, 번제, 화목제를 마치고 내려온다. 모세와 아론이 하나님의 회막에 들어갔다 나와서 백성을 축복하자, 하나님의 영광이 백성에게 나타나며, 불이 여호와 앞에서 나와 제단 위의 번제물과 기름을 사른다. 이에 온 백성이 소리 지르고 엎드렸다.

레 10장에는 아론의 두 아들이 각기 다른 향로를 가져다 하나님께서 명하지 않으신 불을 담아 하나님께 분향하자 불이 여호와 앞에서 나와 그들을 삼키매 그들이 여호와 앞에서 죽었다. 하나님께서 모세에게 이르시길, **'나는 나를 가까이하는 자 중에서 내 거룩함을 나타내겠고 온 백성 앞에서 내 영광을 나타내리라.'** (레10:1-3)

이보다 앞선 출 32장에는 아론이 선민들과 황금소를 만든 일이 있다.

그때 모세가 산에서 내려와 그 상황과 마주하자 어떻게 행하였는가.

그 사건 이전과 이후에도 선민들의 연이은 배신과 불신 행태에 관해 하나님께서 노하실 때마다 선민들 중재자인 모세가 어떻게 행하였는가.

모세가 항상 하나님 앞에서 백성의 죽을죄를 대신하여 용서해 주시기 바라며 수없이 매번 엎드려 읍소하지 않았는가.

모세는 하나님 생명책에서 자신 이름을 빼도 좋다고까지 하나님께 고하지 않았는가.

선민을 위해 자신의 목숨을 걸고 그들 잘못의 용서를 구하는 하나님의 사람이 선민들과 하나님의 중재자인 모세였다.

이처럼 하나님과 사람 사이의 중재자가 선민들의 제사장들인 성직자들의 역할이다. 모세 이후의 성서의 선지자와 예언자들이 모두가 하나같이 그처럼 선민들 앞에서 선민들이 하나님 앞에서 믿음의 길을 바르게 걷도록 인도하는 역할을 하였다.

신약이신 우리 주 예수 그리스도께서 오시기 전까지는 구약의 선지자인 레위인 사제들의 임무가 그러해야 했다. 선민들을 주시하는 하나님께선 엘리의 두 아들들의 불신행위들을 지켜보시다, 때마침 적절한 기도를 올리러 실로에 왔던 한나를 주목하셨다고 볼 수 있다. 그녀에게 아들을 주시면 하나님 일에 평생 전념토록 아이를 하나님 전에 살게 하겠다는 한나의 신심을 얼마나 미쁘게 간주하셨는가.

한나와 사무엘 두 모자간의 지극한 하나님 사랑이 합쳐, 사무엘이 실로에서 사람들과 하나님께 사랑을 받는다. 하나님께선 적극적으로 당신을 찾는 사람들을 찾아 무한 은혜를 베푸시며 끝까지 바르게 걷는가를 살피신다.

사무엘상 3장 내용

소년 사무엘이 하나님을 섬기던 시기에는 하나님 말씀이 드물고 그분의 환상이 부어지지 않았다. 어느 날 밤 엘리가 눈이 침침하고 안 보여 평상에 누운 동안에 사무엘은 성궤를 모신 신전에서 자고 있었다. 그런데 하나님 등불이 꺼지기 전에 하나님께서 어린 사무엘을 부르신다. 소년이 엘리에게 달려가니 그가 아니라는 말을 세 번 거듭, 이에 엘리가 소년 사무엘을 가르친다.

이는 하나님의 부르심이니 다시 부르시면 대답하라 가르친다.

'여호와여 말씀하소서, 주의 종이 듣겠습니다.' (삼상3:1-9)

소년 사무엘이 하나님의 네 번째 부르심에 스승에게 배운 대로 답을 올리자, 하나님 말씀을 처음으로 다음과 같이 직접 듣는다.

삼상3:10 그때 하나님께서 오시어 그곳에 서서 좀 전처럼 부르시니, '사무엘, 사무엘!' 사무엘이 답하길 **'말씀하십시오, 당신의 종이 듣습니다.'** [11] 하나님께서 말씀하셨다, **'내가 조만간 이스라엘 사람들이 듣고는 그들의 귀가 울리도록 어떠한 일을 행하리라. [12] 그날이 오면, 내가 엘리와 그 가족에 대해 말한 모든 말을 처음부터 끝까지 선하게 이루리라. [13] 네가 그에게 내가 그 가문에 영원히 내릴 나의 심판을 말해라, 왜냐면 그가 그 아들들이 하나님께 행한 신성모독죄를 알고도 제지하지 않아서다. [14] 그러므로 내가 그 엘리 가문이 저지른 희생물들과 제물들의 남용은 결코 속죄하지 못하게 되리라 맹서한다.'**

다음 날 사무엘이 하나님 말씀을 엘리에게 전하기가 두렵다. 이때 엘리가 사무엘에게 하는 말은 진실하다. 사무엘이 하나님 말씀을 그대로 엘리에게 전한다. 엘리는 그 하나님 말씀을 전해 듣고 말한다.

'하나님께선 그분 눈에 선하신 것을 이루셔야만 하신다.' (삼상3:15-18)

사무엘이 자라며 하나님께서 그와 함께하시어 이스라엘 방방 곡곡에 그가 하나님께서 세운 선지자로 알려진다. 여호와께서 실로에 다시 나타나기를 제사장 엘리가 아닌 사무엘을 통해서 하신다. 그리하여 하나님께서 하는 말씀을 사무엘이 이스라엘에 전한다. (삼상3:18-21)

이상에서 삼상 3장 시작은 소년 사무엘이 하나님 전에서 잠을 자다가 하나님의 첫 부르심을 받고 말씀을 듣는 거룩한 장면이다. 그런데 어린 소년 사무엘이 처음 듣는 하나님 말씀이 무시무시하다. 사무엘 자신을 길러주고 하나님 말씀을 가르쳐준 스승인 엘리 사제 일가를 향한 멸족의 경고여서다.

다음 날 아침에 하나님 말씀이 소년 사무엘에게 임한 사실을 아는 엘리가 그 말씀에 관해 질문하나 소년이 말씀 전하기를 두려워한다. 스승이자 사제인 엘리가 가르친다, 하나님 말씀을 자신에게 그대로 전해야만 한다, 가르친다.

'하나님께서 너에게 무엇을 말씀하셨냐? 이를 내게서 숨기지 말라. 만일 그분께서 너에게 하신 모든 말씀에서 한 낱말one word이라도 내게서 숨긴다면, 하나님의 저주가 너에게 내리시리라.' (삼상3:17)

엘리는 자신이 가르친 제자 사무엘을 통해 자신의 가족들이 멸하리라는 사실을 전해 듣는다. 오랜 세월 하나님 약속의 궤를 섬기며 그분의 말씀을 선민들에게 중재하며 살아온 엘리가 그런 전갈

을 듣는다. 얼마나 가슴이 아팠으랴. 엘리 사제가 확실히 깨달았으
리라. 자신을 대신해서 선민들을 중재할 제사장이 그의 아들들이
아니라 그가 가르친 제자 사무엘임을.

그리하여 사무엘에게 담담히 다음 말을 했으리라.

'하나님께선 그분의 눈에 선하신 것을 이루셔야만 하신다.'

이런 기사로서 진실한 믿음이 대를 이어가리라는 환상에서 깨
어나야 한다. 이유는 언젠가 읽고 감상을 짧게 올린 성서 말씀이
떠오르기 때문이다.

에스겔14:14 **그날에 노아, 다니엘, 욥, 이 세 사람이 거기 있을지라도 그
들이 자기의 의로 자기의 생명만 건지리라. 나 주 여호와의 말이니라.**

(『종교와 일상』 184-189쪽, 2017)

사무엘상 4장 요약과 생각할 점

'삼상4:2-8:22 '에반에젤Eben-ezer 전쟁'

1. 블레셋 군의 침입에 패전, 전사자 4천명

2. 패전의 원인, 첫째 법궤 지참

3. 재차 패전, 3만 명 전사, 법궤 피탈

4. 영광이 이스라엘을 떠남

삼상 4장은 블레셋 군에게 참패한 참담한 내용이다.

하나님께서 선민들에게 역사하신 주요점들에 관해 명확해야 믿음의 근거가 확고해진다. 선민들이 참패한 패인은 삼상 1-3장에 나온다. 하나님의 주요 고지 사안을 실행하지 않아서다. 하나님의 제사장 엘리가 늙어서 자신의 거룩한 임무 실천에 불충하고 해이해져서다. (삼상2:12-17, 22-25)

고로 그에게 하나님께서 두 번 경고하셨다.

먼저 하나님의 사람을 보내셨다. (삼상2:27-36)

다음엔 소년 사무엘과 하나님의 첫 대면으로 경고를 발하신다. (삼상3:11-14)

현재와 미래를 막론하고 기독교계가 항상 각성할 사안이다. 왜냐면 일종의 하나님 징계의 기사들이 선민들의 역사기록인 구약성서여서다.

하나님 경고를 듣지 않고 무시한 엘리 일가에게 내린 징벌이 선민들까지 크게 미친다. 처음의 패전에선 전사자가 4천 명, 두 번째는 전사자 3만 명. 게다가 하나님 언약궤까지 적군에 뺏기고 이를 모시던 엘리 아들들이 죽는다.

두 번째 패전 원인은 선민들의 장로들이 그들의 하나님께 먼저 기도로서 문의하지 않았다는 점이 가장 크다.

어쩌자고 하나님 법궤를 들고 전투에 나가자고 제사장 엘리도 아닌 장로들이 감히 제안하는가.

하나님 법궤를 무슨 신통한 사물로만 생각했다는 방증이 아닌가.

하나님께서 그들과 함께하신다는 결연한 믿음이 일체 없다는 증거 아닌가.

믿음 없는 장로들과 허울뿐인 두 젊은 사제들과 선민들이 하나님 법궤를 그렇게 모셨으니 그들이 패할 수밖에.

'네 집에 노인이 하나도 없게 되는 날이 이르리라' 하신 하나님 경고의 실현이다. (삼상2:31)

그 소식을 듣고 만삭인 며느리가 아들을 낳고 죽으며 한 말을 새겨 보아야 한다. '하나님 영광이 이스라엘에서 떠났다, 왜냐면 하나님 법궤를 잃어서다.' (삼상4:22)

살아남은 선민들이 모두 황당하고 기가 막혔으리라.

그렇게 블레셋(필리스틴, 팔레스타인) 수중에 들어간 하나님 법궤에 관해 삼상 5-6장에 나온다.

사무엘상 5장 '하나님의 궤The Ark of the Lord'
삼상5:1-12 내용 요약

블레셋 군이 가져간 하나님 궤를 아스돗의 다곤 신상 옆에 두자 아침에 다곤 신상이 법궤 앞에 엎드려 있어 세워 놓는다. 다음 날엔 다곤 얼굴이 땅에 닿고, 머리와 두 손목이 잘리고 몸통만 있다. 하나님의 손이 그들에게 심한 독종과 쥐떼로 괴롭게 하신다. 이에 그들이 하나님의 법궤를 갯Gath과 에크론Ekron에 보내지만 그곳에도 하나님의 묵직한 손길이 같은 재앙으로 덮쳐 온다. 이리하여 그들의 울음소리가 하늘까지 올라갔다.

생각할 점

블레셋은 선민들에게서 탈취한 하나님 궤를 하나님의 상징물로만 알았으리라. 하나님 사제들이 모시고 있었으니까. 그리하여 하나님 궤를 자기들의 신당 안에 모셔둔다. 그들이 하나님의 궤를 자기네 신처럼 여긴 셈이다. 어쩌면 하나님께선 이로 인해 당신 존재를 블레셋 종족들에게도 알리시어 앞으로 선민들에게 함부로 하지 말라는 경고일 수 있다. 그리하여 블레셋 주술사들이 이스라엘 하나님 궤를 빈손으로 돌려보내선 아니 된다며 그들이 정해둔 속건 제물을 보내자고 한다.

사무엘상 6장 내용

블레셋 사람들 속에서 하나님 법궤가 7개월 동안을 이 마을 저 마을로 옮겨 갈 때마다 마을 사람들이 심한 독종으로 죽어갔다.

그러자 그들이 하나님 궤를 이스라엘로 되돌리고자, 그들의 사제들과 주술사에게 논의한다. 하나님 궤를 모셔갈 새 수레를 만들고 속건 제물도 준비한다. 그들 다섯 방백과 다섯 마을의 재앙 수대로 금 독종 다섯 개와 금 쥐 다섯을 만든다. 이를 멍에를 메지 않던 젖을 내는 암소 두 마리가 끄는 수레에 올려 법궤를 모시고 끌게 한다.

그들이 말하길, '**만일 하나님 법궤를 실은 수레가 그 자신의 영토인 벧세메스Beth-shemesh로 가면 그땐 그 하나님께서 이 큰 손상을 우리에게 내려치신 것임을 알고, 그렇지 않다면 이는 그분 손이 아니라 우리가 우연히 희생당했음을 알리라.**' (삼상6:9)

그러자 과연 사람 없이 암소 두 마리가 끄는 수레에 실린 **하나님 언약궤**가 이스라엘 벧세메스[참고 1]로 곧장 돌아가는 일이 일어난다. 하나님 언약궤를 실은 수레가 이스라엘 땅 벧세메스로 향해 가는 일은 당연하다. 하나님께서 천사로 하여금 두 암소를 인도하게 하셨으리라.

그러나 동시에 블레셋 사람들이 얼마나 놀랐으랴.

---

l [참고 1]
하나님 언약궤가 스스로 들어온 벧세메스라는 이스라엘 지명을 찾아보니 납달리 족속이 차지한 땅이다. 예루살렘 서남쪽이다.
사사기 1:33에는 '*납달리가 벧세메스Beth-shemesh 주민과 벧아낫Beth-anath 주민을 쫓아내지 못하고 그 땅의 주민 가나안 족속 가운데 거주했는데 벧세메스와 벧아낫 주민들을 노역을 시켰다.*'

납달리는 야곱의 열두 아들 중에서 라헬의 시녀인 빌하의 소생이다. 그 이름의 뜻이 아기를 낳지 못해 서럽던 라헬이 '*내가 언니 레아와 경쟁에서 이겼다*'는 이름이다. (창30:8)

그들이 하나님 궤를 순전히 잘못 생각했음을 이스라엘 하나님을 잘못 모셨음을 큰 죗값을 치르며 두렵게 깨달았으리라. 이로써 그들이 대대로 말로만 들어오던 이스라엘 선민들의 신이신 하나님께서 존재하심에 두려워했으리라.

그런데 이러한 이방인들과는 정반대 행보를 보인 선민들이 나온다.

이를 보면, 벧세메스 선민들은 블레셋에 빼앗겼던 하나님 언약궤가 저절로 돌아오는 듯이 보인 모양이다.

그들이 하나님 언약궤의 귀환에도 하나님께 놀라고 감사할 줄 몰랐다.

사제들이 없더라도 그들이 바르다면 하나님 궤 스스로의 귀환에 놀라서 경배했어야 한다. 거기가 누구의 집이든 수레가 머무는 곳에 엄숙하고 두려운 마음으로 함께 모여 하나님께 감사 기도부터 먼저 올렸어야 했다.

* 삼상6:19 벧세메스 사람들이 여호와의 궤를 들여다본 까닭에 그들을 모두 치사 70명(5만)을 죽이신지라

(우리 성서, NASB. HB., 다만 NIV. 성서주해가 당시 그 마을에 그 많은 인구가 없었으리라, 한다).

다음의 성서 구절이 더욱 타당해 보여 이를 옮긴다.

* 삼상6:19 그러나 예코니아와 아들들이 벧세메스의 나머지 사람들과 같이 하나님 언약궤를 환영할 때 기뻐하지 않아서 하나님께서 그들 70명을 죽이셨다.

이런 무엄한 일로 혼겁했을 벧세메스 사람들이 키리앗 예아림 Kiriath-jearim 사람들에게 요청한다, 하나님 언약궤를 그곳으로 옮겨가기를. 그리하여 하나님 언약궤가 그리로 옮겨간다. (삼상6:21)

벧세메스 마을 사람들이라 아니하고, 그곳의 한 집안 이름과 그 아들들을 명시해서 특별한 기록이다.

이방의 적에게 빼앗겼던 하나님 언약궤가 사제들이 아닌 암소들에게 이끌려 그들 마을로 들어올 때 이를 반기지 않다니,

그래서 그렇게 죽은 70명의 한 가족 사람들이란 놀랍지도 않다. 이들이 순수한 선민들이 아닌 이방주민들로 오랫동안 함께 섞여 살던 선민들의 땅의 사람들이었다. 이들의 믿음이 깊지 않은 탓에 하나님 궤를 약탈했던 블레셋과 별반 달라 보이지 않아 생긴 일이다.

이후에 이들이 톡톡히 배웠으리라.

선민들이 하나님 섬기는 일은 모세 이후에 또한 여호수아를 거쳐 사사들의 시대가 끝나는 시기로 기원전 1100년 무렵이다. 그러나 이때의 선민들의 하나님 믿음이 이런 하나님 법궤의 사건으로 큰 변화가 생겼으리라.

선민들 믿음의 조상 아브람은 기원전 2166년 출생했다. 야곱은 기원전 2006년, 모세는 기원전 1526년, 요셉은 기원전 1915년 출생, 사무엘은 기원전 1105년, 다윗은 기원전 1010년 출생했다. (NIV. 성서주해)

이를 보면 야곱의 아들 요셉은 부친이 91세 되던 해 태어났다. 요셉은 라헬의 작은아들이자 막내다. 라헬은 요셉을 낳고 죽어 베들레헴 가는 길에 묻힌다. 야곱은 늦은 나이에 얻은 아들 요셉이 모친이 없으니 애지중지 키웠으리라. 그런데 요셉이 죽었다 하니 얼마나 슬펐으랴.

그러다 이들 열두 형제 가족이 애굽에서 기근으로 다시 만나자 얼마나 기뻤으랴. 야곱이 애굽에서 죽자 요셉이 고향에 가서 장례를 치르고 돌아온다. 요셉은 54년을 더 살다 죽는다. 하나님 약속의 땅 가나안으로 돌아갈 때 자신의 유골을 가져가 달라고 부탁하며 110세에 죽는다.

애굽에서 이스라엘(야곱)의 열두 형제 후손들이 400여 년 지나며 인구가 늘어나며 노예들로 전락한다. 그리하여 모세가 출생해서 홍해를 건너는 선민들의 실제 하나님 역사가 시작한다. 그럼에도 그들이 하나님 믿음이 없어서 40년간 시나이 황야에서 헤매다 모두 죽고 거기서 새로 태어난 선민들만 하나님 약속의 땅 가나안에 들어온다.

모세가 죽고 여호수아가 선민들을 인도해 가나안에 들어와서는 사사들이 이끈 시대가 300년 지나자 사무엘이 태어난다. 사무엘이 선민들을 인도한다.

사무엘상 7장 사무엘, 선지자로 등장

삼상7:1 키리앗 예아림 사람들이 와서 하나님 궤를 가져가서 언덕에 있는 아미나답의 집안에 모시고 그의 아들 엘리아잘을 거룩하게 해서 이를 섬기게 한다. ² 그로부터 20년 동안 하나님 궤가 그 집에 있었다. 그때 이스라엘 전체를 통해서 하나님을 따르는 운동이 일어나서, ³ 사무엘이 다음의 말을 나라 전체에 하였다. '만일 하나님께로 너희의 돌아옴이 이방의 신들과 아스타롯을 너희의 신당에서 제거하고 전심으로 하나님께 돌아와서 그분만을 섬긴다면, 그분께서 너희를 블레셋으로부터 구원하시리라.' ⁴ 그래서 이스라엘 사람들이 발림과 아스타롯을 추방하고 하나님만을 숭배했다.

사무엘이 미스바에 온 이스라엘을 모이라 하여 그들을 위해 여호와께 기도하리라고 말함. 그들이 미스바에 모여 종일 금식, 자기들 범죄를 고백. 사무엘이 거기서 이스라엘 자손을 다스림. (삼상7:5-6)
이스라엘이 미스바에 모인 소식에 블레셋인들 침공. 사람들이 두려워 사무엘에게 요청. 그가 하나님께 부르짖고 구원해주시기를 기도. (삼상7:7-8)

사무엘이 젖 먹는 어린 양 하나를 가져다가 온전한 번제를 여호와께 드리고 이스라엘을 위해 여호와께 부르짖으매 여호와께서 응답하셨더라. (삼상7:9)
사무엘이 번제를 드릴 때 블레셋 사람들이 가까이 다가오자, 하나님께서 그들에게 큰 우레를 발하심. 블레셋 군이 기겁해서 도망. 이스라엘 군이 미스바에서 나와 그들을 추격, 벧갈 아래까지 그들 격퇴.

사무엘이 돌 하나를 취해 미스바와 센 사이에 세워 이르되, **'여호와 께서 여기까지 우리를 도우셨다.'**

그 지명을 에벤에젤Eben-ezer이라 함. (삼상7:10-12)

생각할 점
에반에젤Eben-ezer이란 지명

삼상4:1에서 이스라엘과 블레셋이 전쟁을 하려고 진을 쳤다는 장소가 바로 에반에젤 근처라 하여 유래했다. 처음부터 이스라엘 땅이었던 곳을 우여곡절 끝에 블레셋에서 다시 되찾아왔다는 내용이다. (참조; NIV. 성서주해 '하나님 궤의 빼앗김과 돌아옴' 417쪽 지도를 보면 예루살렘 서쪽으로 지중해까지 이르고, 다시 곧장 북쪽으로 가서 동쪽으로 이어지는 지명들이 ㄷ자 형태로 이어진다. 예루살렘, 키리앗 예아림, 벳세메스, 겟, 에크론, 아스돗, 아펙, 에벤에젤, 실로)

하나님께서 선민들에게 보내는 믿음의 경건함과 겸손한 순종의 미덕을 항상 견지하라는 경고성 기록이다.

선민들 믿음의 증명인 **하나님 언약궤**와 관련한다. 선민들의 생존에서 **언약궤가 뜻하는 하나님 믿음**이 절대 중심임을 뜻하는 사건이다.

겉으로는 엘리 제사장에서 사무엘로 선민들 지도자가 교체한다. 안으로는 선민들 믿음의 중심인 **하나님 언약궤**를 모신 장소가 바뀐다.

결국 엘리가 올바른 제사장 임무인 믿음에서 벗어났기에 하나님 언약궤를 빼앗길 뿐만 아니라 그의 일가가 몰살하고 선민들까지 전쟁에서 죽어나간 결과를 초래했다.

선민들을 지도하는 최고의 위치에선 제사장은 하나님 앞에서 절대로 정의로운 일을 행하지 아니하면 결코 살길이 없다는 사실을 알려준다.

덧붙이자면 선지자 사무엘이 머문 장소가 한곳이 아니라 여러 장소라서 주의를 요한다는 일이다.

여호와의 언약궤는 키리앗 예아림kiriath-jearim에 20년이나 있었다. 그런데 사무엘은 세 장소(벧엘, 길갈, 미스바)를 해마다 순회하며 그 모든 곳에서 이스라엘을 다스렸다고 삼상 7장에 나온다. 그리고는 자신의 집이 있는 라마로 돌아와 이스라엘을 다스렸고, 여호와를 위한 제단을 쌓았다고 한다. (삼상7:15-17)

라마는 그의 부모가 살고 동생들이 있고 그가 태어난 데다.

사무엘은 제사장 엘리처럼 **하나님 언약궤를 모신 장소**에 머물지 않고 돌아다니며 선지자로서 삶을 살았다. 그는 언약궤를 오로지 모시던 엘리와는 크게 달랐다. 그가 언약궤가 머물던 키리앗 예아림에 갔는가 안 갔는가는 기록에 나오지도 않는다. 이는 크게 주시할 사안이다.

동시에 사무엘의 계보를 그가 레위 제사 족속이 아닌 에프라임의 자손임도 주시하게 한다. 에프라임은 요셉의 작은아들이다. 나이 들어 눈이 안 보이는 부친 야곱(이스라엘로 불림)이 세상 떠나기 전에 요셉이 두 아들을 데려와 축복을 부탁했다. 이스라엘이 큰아들 마낫세에겐 왼손을 작은아들 에프라임에겐 오른손을 얹고 축복했다. (창48:15)

혹시나 하며 살펴보니 여호수아기 다음인 사사기에서 여러 사사들의 족보가 레위 족속이 아닌 에프라임 족속에서 나왔다고 한다.

하긴 벌써 모세 때부터 레위 족속은 사제 집안이라는 명맥만 유지한 모양새이지 않았던가 싶다. 좌우간에 모세가 아론에게 제사장 직을 명했지만 아론의 두 아들들부터 바르게 행하지 않아서 죽어 나갔던 무서운 기사들이 있다. (레10:1-11)

이로써 대를 이어 하나님 제사 직위를 이어가긴 어려운 일로 보인다.

하나님께선 겉이 아닌 속마음을 보셔서 혈통이나 태어난 순서는 안 보심을 일찌감치 알려주셨다.

무슨 직위든 하나님 눈앞에서 바르게 서야 산다는 가르침이다. 최고위 직위란 항상 하나님 눈앞에 머물지 않는 한은 무력하다는 가르침이다.

하나님께 택함을 받은 선지자 모세가 여호수아에게 이스라엘을 가나안으로 이끌어가게 한 사실도 중요해 보인다.

눈의 아들 여호수아가 에프라임 족속이다. (민13:8, 16)

사람의 눈에 보이는 게 전부가 아니라는 거룩한 기사들이 성서에 넘친다. 성서에 나오는 수많은 전쟁 관련 기사들이 그렇다. 이는 애초에 가나안 땅에 살던 블레셋 족속들이 대대로 살아온 땅을 선민들에게 빼앗겼기 때문이다.

블레셋은 전전긍긍하며 틈만 나면 자신들의 땅을 선민들에게서 되찾고자 그 땅을 공격하니 당연할 수 있다.

오늘날까지 이어지는 현상이다.

블레셋의 억울함과 분함을 선민들이 이해하고 공존을 모색해서 평화를 찾으려 쌍방이 노력하길 바란다.

한없이 사람들이 죽어가기 때문이다.

가나안의 이방인들이 선민들과 하나님을 알 리 있는가.

이제부터 나오는 선민들과 싸우는 가나안의 각양각색 족속들 등장에서 헷갈리면 아니 된다.

삼상의 선민들 역사가 세상에선 하나님 역사로서 이들을 통하여 만방에 서서히 알려지기 시작해서다.

이를 필히 하나님의 십계명의 가르침 안에서 지켜볼 수 있어야 한다. 이는 하나님과 선민들의 약속이지만 세상을 위한 약속이기도 해서다.

선민들 앞에 등장하는 여러 이방 족속들의 끊임없는 공격이 하필이면 이스라엘이 꼭 하나님 믿음과 그분 가르침에서 크게 벗어났을 때에만 일어난다. 선민들이 애급 탈출부터 막강한 하나님 은혜를 입고 가나안에 들어온 사실을 잊어버려서다.

하시라도 다른 데 마음을 쓰고 하나님께 의지하지 않으면 반드시 탈이 나는 역사가 선민들 역사다.

특히 종교와 정치 최고 지도층이 타락하여 그들과 선민들이 다른 신들을 섬기는 일이면 하나님께서 가차 없이 응징하셨음을 기록한다.

이런 기사는 사사기 처음(삿1-3:5)에 알려준다.

가나안에 이스라엘을 이끌고 모세 대신에 들어온 여호수아가 가나안에 거하는 거주자들을 미처 다 쳐부수지 못하게 하나님께서 남겨두신다는 기록 때문이다.

그리도 어렵사리 싸우며 찾아 들어온 가나안에서 선민들 열두 족속이 가나안 땅을 나누어 가지고도 선민들은 십계명 말씀 지키기에 불순종한다.

고로 하나님께서 가나안의 다섯 족속을 남겨두어, 이스라엘을 시험에 두신다고 한다. 성서에 나오는 블레셋은 오늘의 필리스틴 Philistines이며 팔레스타인으로 불린다. 이들에 관해 다음처럼 기록한다.

삿3:1 이들은 하나님께서 가나안에서 전쟁의 어떤 경험도 없는 모든 이스라엘 사람들을 위하여 그들을 시험하고자 남긴 나라들이다. ² (그분께서 오로지 앞서 있던 전쟁의 경험들이 없었던, 이스라엘 후손들에게 전투를 가르치려고 하신 것이다). ³ 블레셋의 다섯 지배자들, 모든 가나안 족속, 시돈 사람들과 히바이트hivities 사람들로, 발Baal 헬몬Hermon산부터 레보하마스LeboHamath까지 살았다. [4] 그들을 남겨두신 것은 이스라엘에게 모세를 통해 조상들에게 주신 하나님의 명령들에 그들이 순종하는가, 아닌가를 보려고 시험하시는 것이다. [5] 이스라엘은 가나안Canaanites족, 히타이트Hittites족, 아모리트Amorites족, 페리지트Perizzites족, 히바이트Hivites족, 제부시트Jebusites족 사이에서 살았다. [6] 이스라엘은 그들 족속의 딸들을 취해 결혼하고 자신들의 딸들을 그들 아들들에게 주어서 그들의 신을 섬기게 했다.

이리 복잡한 선민들의 초기 역사 기록들이 현재에 요구하는 의미는 무엇일까.

더구나 신약의 바탕을 이루는 구약역사의 사실들이 전쟁역사의 소용돌이 같다. 모든 전쟁은 지루하고 진부하고 비참하다. 하지만 선민들이 약속의 땅을 차지하는 역사는 하나님께서 주관하신 전쟁들이다. 모든 전쟁마다 각 시대 사람들과 당시 상황에 따른다. 전쟁 역사들이 인류사에 되풀이되는 이유는 시간이 가면 사람들이 예전의 비참한 전쟁사를 까맣게 잊기 때문이다.

구약 역사에서 이스라엘이 지배층이나 선민들이 하나님 말씀 섬기기를 벗어나 타락하면 전쟁이 난다. 전쟁은 선이 아닌 탐욕이란 악의 유혹 때문이다.

달리 설명하면 하나님 말씀을 경청하여 만사에 정의롭게 사느냐 악하게 사느냐의 문제다. 이는 특히 하늘에서 하나님 보시기에 의로운가 아닌가를 인류가 분별할 줄 알아야만 하는 일이다.

성서는 신학의 해석보다 문학의 해석을 요한다.

이는 또한 **단테**가 **신곡**을 쓴 목적이라고 보카치오가 **"단테의 일
생"**에서 분명히 누누이 밝히는 바다.

세계에서 가장 훌륭한 문학이 성서라고 말한다.

구약역사 4 **사무엘상 8-12장 '왕정의 수립'**

사무엘상 8장 내용

삼상8:1-6은 사무엘이 아들들에게 이스라엘 사사 직위를 계승하며 시작. 그러나 그의 아들들이 제사상 직위의 업무 왜곡, 사익 추구. 이스라엘 장로들이 사무엘에게 제사장 직위인 사제 대신, 왕을 지명해 달라, 요구. 사무엘이 불쾌하여 하나님께 기도 올리자, 다음의 응답을 주신다.

삼상8:7 하나님께서 그에게 말씀하셨다. **'사람들 말을 들어라. 그들이 너를 거부한 게 아니라, 나를 거부한 거다. 내가 그들의 왕이 될 수 없다는 거다.** [8] **그들이 너에게 하는 짓이, 바로 그들이 내게 하는 짓이니, 애급에서 내가 그들을 데리고 나온 이후로 계속한다. 그들이 나를 저버리고 다른 신들을 숭배한다.** [9] **지금 그들이 너에게 말하는 걸 들어라, 단 그들에게 엄히 경고해라, 왕이란 부류가 그들을 어찌 통치하는가를.'**

사무엘이 왕이 생기면 그들에게 요구할 여러 의무 조항들을 백성들에게 들려준다. 선민들이 왕들의 요구들에 응하겠노라며 왕의 지명을 사무엘에게 강요한다. (삼상8:11-17)

사무엘이 선민들 결정을 하나님께 보고하여 하나님께서 그들 뜻대로 왕을 지명해주신다고 응답하신다, 이에 사무엘이 백성들에게 한마디 덧붙인다.

'너희들이 택한 그 왕에 대해, 어느 날 너희들이 울부짖을 하루가 올 거다. 그러나 하나님께선 그날에 너희에게 대답하지 않으시리라.'

(삼상8:18)

'There will come a day when you will cry out against the king whom you have chosen, but the lord will not answer you on that day.'

새겨둘 언급이다. 그들이 선택한 왕 때문에 그들이 울부짖을 날이 와도 하나님께서 응답하지 않으신다니.

심한 응징이 있으리란 예고시다.

사무엘상 9장 내용

삼상 9장은 하나님께서 백성들 왕이 될 인물을 사무엘에게 알려주신다.

삼상9:15-17 벤저민 족속 지역에 키스Kish가 사는데, 그의 아들이 사울. 어느 날 가축들을 잃자, 키스가 사울에게 한 시종과 가축을 찾아오라 지시. 며칠간 가축을 찾지 못해 사울이 돌아가자 한다. 그의 시종이 근처에 이름난 신의 사람the man of God이 있으니 가자는데 빈손이라, 시종이 가진 적은 돈으로 방문한다.

그 신의 사람이 사무엘이다. 사울이 사무엘을 만나니, 하나님께서 의중에 두신 인물이라, 사무엘에게 알리신다. 사무엘이 사울에게 먼저 신전에 올라가라며 그와 지낸다. 다음 날 사무엘이 사울에게 하나님 말씀을 전한다.

'모든 이스라엘의 공물은 누구에게 속하는가? 이는 너에게 그리고 너의 모든 조상들의 집에 속한다.'고 하나님 말씀을 전한다, 그러자 사울이 사무엘에게 말한다. '나는 벤저민 족속이며 이스라엘의 가장 작은 지파입니다. 나의 집안은 벤저민 족속 중에 가장 미천한 집안입니다. 왜 당신이 이런 말씀을 내게 하십니까?' (삼상9:20-21)

다음 날 새벽, 사무엘이 사울을 깨워 떠나며 시종에게 조금 앞서가라 하고 사울과 둘이 그 마을 끝에 함께 가며 하나님 말씀을 일러준다. (삼상9:26-27)

사무엘상 10장 내용 요약

삼상10:1 사무엘이 기름 한 병을 가져와 사울의 머리에 붓고, 그에게 입맞춤하며 말한다. '하나님께서 너를 그의 백성 이스라엘을 거느릴 왕자로 기름 부으신다. 너는 하나님의 백성을 다스리고 그들을 둘러싼 적들로부터 그들을 구원한다. 너는 신호를 받으리니, 하나님께서 그분의 소유를 다스릴 왕자로 너를 성별하신 것이다.

삼상10:2-8 사무엘이 사울에게 반드시 행할 하나님 지시사항을 전달하고 작별한다. 내용은 사울이 귀갓길에 만날 사람들에 관해서다. 두 부류의 사람들로, 베델까지 하나님 뵈러 올라가는 세 사람이 어린 염소 세 마리, 빵 세 덩이, 포도주 한 부대를 들었는데, 사울에게 인사하고 빵 두 덩이를 준다고. (삼상10:3-4)

사울이 블레셋 사람들 거주지에 있는 신의 언덕에 오면, 한 무리의 예언자들이 황홀경 속에서 피리, 북, 파이프, 류트로 환영한다고. 그때 하나님의 영이 사울을 잡으신다고. 사울도 그들처럼 황홀해져 다른 남자가 되리라고. 그런 신호가 사울에게 일어나면, 그때 요구하는 무엇이든 하라며 신께서 사울과 함께하신다고 알려준다. (삼상10:5-7)

'너는 나보다 앞서서 길갈Gilgal로 내려가야 하는데, 그러면 내가 너에게 가서 번제와 화목제를 드릴 테니 내가 너와 함께하기까지 7일간을 기다려라. 그럼 내가 너에게 무엇을 해야 할 바를 말하리라.' (삼상10:8)

사무엘이 사울에게 일러준 일이 그대로 일어나 이를 본 사람들이 놀란다. (삼상10:9-13)

사울의 삼촌이 그에게 사무엘을 만나 무슨 일이 있었냐고 묻자, 쉬운 말만 하며 왕이 된다는 말을 아니 한다. (삼상10:14-16)

삼상10:17 사무엘이 미스바에서 사람들을 소집하고 **18** 하나님 말씀을 전한다.

'이것이 이스라엘의 신 하나님 말씀이다. 나는 애급에서 이스라엘을 데려왔다. 내가 애급 사람들로부터, 너희를 압박한 모든 왕국들로부터 너희를 구원했다. 19 그러나 오늘 너희는 모든 비참함과 곤궁함에서 너희를 구해준 너희의 신을 거부했다. 너희가 말하길, "아니오, 우

릴 거느릴 왕 하나를 정해주시오."라고. 그러니 지금 하나님 앞에 족속별로 가문별로 너희들 자리를 잡아라.' (삼상10:17-19)

사무엘이 모든 족속 중에서 벤저민 족을, 벤저민 족에서 마트리 가문을, 그 가문 남자들 중에 키스Kish의 아들 사울을 뽑았다. 그러나 그가 숨어 있어 안 보이자 사람들이 데려와 일어서게 하니 다른 이들보다 머리 하나 크기만큼 더 컸다. 그래서 사람들이 그에게 외쳤다. '왕이여 오래 사소서!' (삼상10:20-24)

사무엘은 사람들에게 왕의 본성을 다시 설명하고, 이를 기록한 두루마리를 하나님 앞에서 그가 보관한다. 그가 사람들을 해산했다. 사울도 기베아Gibeah의 집으로 가는데 신의 감동을 받고 그와 싸웠던 몇몇이 동행했다. 그러나 그중 몇 악당이 '이 친구가 어떻게 우릴 구원할까?'라고 했다. 그들이 그를 하찮게 여겨 선물을 가져오지 않았다. (삼상10:25-27)

사무엘상 11장 '사울의 암몬 척결, 사울 왕위 즉위'

한 달쯤 지나 암몬족 나하스Nahash가 침공, 야베스 길르앗 Jabesh-gilead을 포위한다. 그래서 나하스에게 협상을 요구한 야베스 길르앗 사람들에게 나하스가 그들의 오른쪽 눈을 모두 빼오면 협상에 응한다고 모욕을 가한다.

이에 일주일간의 기한을 두기로 하여 그 전령을 온 이스라엘에 전한다. 이를 듣자 곳곳이 비탄에 잠긴다. 이 소식이 소를 몰고 집에 가던 사울에게 전해지자 하나님 영이 그를 잡으셔 분노한 그가 몰던 소들 중 한 쌍을 죽여 조각낸다. 그 조각들을 온 이스라엘에 보내며 전하길 그와 사무엘을 좇아 전쟁에 나가지 않으면 그처럼 조각내겠다고 한다. 하나님의 두려움이 엄습해 사람들이 나온다.

사울이 베섹Bezek에서 군대를 소집해 이스라엘에서 30만, 유다에서 3만이다.

사울이 '내일 해가 떠서 더우면 승리하리라.' 야베스 사람들에게 전령을 보낸다. (삼상11:1-9)

전령을 듣고 야베스 사람들이 안심한다. 그들이 나하스에게 말하길 '내일 우리가 너희에게 승복할 테니 그때 네 생각에 맞게 협상하자' 한다. 다음 날 사울이 삼열 종대로 적의 진지에 쳐들어가 암몬 족을 대낮까지 몰살한다. (삼상11:10-11)

사람들이 사무엘에게 '누가 사울이 우릴 다스리지 못하리라, 했는가? 그 사람들을 넘기면 우리가 죽이겠다.' 한다. 사울이 '하나님께서 이스라엘을 이런 승리로 이끈 날에 아무도 죽이면 안 된다.' 한다.

사무엘이 사람들에게 '지금 길갈Gilgal로 함께 가서 왕권을 새로이 하자.' 말하니,

길갈에서 하나님 앞에서 사울을 왕으로 옹립하여 화목제를 올리고 사울과 온 이스라엘이 축하하고 기뻐한다. (삼상11:12-15)

사무엘상 12장 '선지자 사무엘의 퇴임 연설'

삼상12:1 사무엘이 사람들에게 일장 연설한다. 왕을 정해 달라는 그들 요구를 들어주었으니 2 지금은 왕이 너희들의 지도자라고. 자

신은 지금 비록 늙었지만 젊어서부터 현재까지 지도자였다고. ³ '내가 여기 있다! 나에 대한 불평들을 하나님과 그분의 기름 부은 자 앞에서 열거하라. 내가 누구의 소나 당나귀를 가졌는가, 누구에게 내가 잘못을 하고서 압박했는가, 누구에게 내가 뇌물을 받았는가, 내게 말하면 너희에게 보상할 테니.' ⁴ 사람들이 사무엘에게 그런 일이 없었다고 답한다. ⁵ 사무엘이 그들에게 '이날은 하나님께서 너희 사이에서 증인이시고, 그분의 기름 부은 왕도 증인이니, 내 손에 아무것도 없음을 너희가 보았다.' 그들이 '그분이 증인이시다'라고 했다.

⁶ 사무엘이 사람들에게 말한다. '하나님께서 증인이시니, 하나님께서 모세와 아론을 임명하고 너희 조상들을 애급에서 데려온 분이다. ⁷ 지금 여기 하나님 앞에 서라, 내가 너희를 위해 너희 조상들을 위해 그분께서 이기신 모든 승리들을 되풀이하여, 너희가 거역했던 그 경우에 놓을 테니까. ⁸ 야곱과 그 아들들이 애급에 내려간 후에 애급인들 손에 고통받을 때 너희 조상들이 하나님께 도움을 호소하자, 그분께서 모세와 아론을 보내어 애급에서 그들을 나오게 하여 이 장소에 정착했다. ⁹ 그러나 그들이 그들의 신 하나님을 잊어서 그분께서 그들을 하솔의 왕 야빈의 사령관 시스라에게, 블레셋에게, 그리고 모압 왕에게 주어버리셔서 그들이 그들과 싸워야만 했다. ¹⁰ 그래서 너희 조상들이 하나님께 울부짖으며 도움을 청하길 "우리가 하나님을 저버린 죄를 지고 발림과 아스타롯을 섬겼습니다. 그러나 지금 우리를 적에서 구해 주십시오, 우리가 당신을 섬기겠습니다." ¹¹ 하나님께서 즈룹바알Jerubbaal과 바락Barak, 입다Jephthah와 삼손Samson을 보내시어 너희를 사방의 적에서 구하셨다. 그래서 너희는 안전

하게 살았다.'

¹² '여전히 너희가 암몬의 왕 나하스가 너희와 싸우러 온 것을 보았을 때 내게 말하길 "아니오, 우릴 다스릴 왕을 주시오." 했으니 너희의 신 하나님이 너희의 왕이었음에도 그러했다. ¹³ 지금 여기 너희가 택한 왕이 있다, 너희가 왕을 요청해 하나님께서 너희를 거느리게 세운 사람이다. ¹⁴ 만일 너희가 하나님을 진실과 충성으로 섬기고 숭배하면 만일 너희가 그분의 명령을 배반하지 않는다면 만일 너희와 너희를 다스릴 왕이 너희의 신 하나님께 믿음직하면 좋고 선하다. ¹⁵ 그러나 만일 너희가 하나님께 순종하지 않으면 만일 너희가 그분 명령을 거슬러 배신하면 그때는 그분의 손이 너희에게 대항하시고 너희의 왕에게 대항하실 거다.'

¹⁶ '지금 서라, 하나님께서 너희 눈앞에 위대한 놀라움을 증거하실 테니. ¹⁷ 지금은 밀의 수확기다. 내가 하나님께 요청할 때 그분께서 천둥과 비를 보내시어 너희가 하나님께 왕을 요청한 일이 그분께 얼마나 불쾌한 일인지를 보고 알게 되리라.' ¹⁸ 그리하여 사무엘은 하나님을 부르고 그분께선 그날 천둥과 비를 보내셨다. 그래서 모든 사람이 하나님과 사무엘에 대해 큰 두려움을 가졌다.

¹⁹ 사람들이 사무엘에게 말하길 '당신의 종들인 우리를 위하여 당신의 신 하나님께 우리를 죽음에서 구해달라고 기도해 주십시오. 왜냐면 우리는 우리의 모든 다른 죄들에다 왕을 청한 큰 사악함을 더하였기 때문입니다.' ²⁰ 사무엘이 답했다. '두려워 말라, 비록 너희가 그렇게 사악하지만 하나님께 숭배하기를 포기하지 말라, 오직 그분만을 너희가 온 마음으로 섬겨라. ²¹ 거짓 신들을 숭배하러 돌아서지 말라, 그들

은 너희를 도울 수도 구할 수도 없는 거짓이기 때문이다. [22] 하나님께 선 그분의 위대한 이름을 위하여 너희를 버리지 않으시니 왜냐면 그 분께서 너희를 그분 자신의 백성으로 만들려고 정하셨기 때문이다.

[23] '나로 말하자면 신께서 너희를 위해서 내가 기도를 중지하여 하 나님을 거역하는 죄를 지지 않게끔 금하셨다. 내가 너희에게 무엇이 바르고 선한지를 보여주겠다. [24] 하나님께 숭배하기를 너희 온 마음으 로 성실하게 그분을 섬겨라. 왜냐면 그분께서 너희를 위해 행하신 위 대한 일들이 무엇인가 숙고해야 해서다. [25] 그러나 만일 너희가 사악 함을 추구한다면 너희와 너희 왕, 둘 다 쓸어버리실 거다.'

생각할 점

만일 하나님께서 사울 왕을 세우지 않았다면 그들 역사가 바뀌 었을까?

아니다. 구약역사란 하나님께서 선민들을 다스린 기록이다. 선 민들이 사무엘이 아닌 하나님을 무시한 거라고 말씀하신 답변에 서 알 수 있다. (삼상8:7-9)

선민들에겐 아브라함에게 하신 하나님 약속을 이루는 모세 시 대가 오자 모세라는 중재자를 주셨다.

선민들이 하나님 약속의 땅인 가나안으로 들어가며 이스라엘 민족이라고 가나안 여러 족속들에게 불리게 하신다. 이렇게 나라 의 형태를 서서히 이루어 가게 하신다.

이스라엘은 하나님께 택함 받은 모세를 통해 하나님께서 지배하 신 민족의 나라다. 가나안 이방신의 민족들에게 이스라엘은 하나님이란 막강한 신이 계신 민족이었다. 이스라엘 장로들이 나이 든 사무엘에게 주변 이방국가들처럼 왕을 갖게 해달라고 하나님께 청해선 결코 아니 되었다. 무능한 사무엘 아들들을 대신할 올바른 다른 사제를 물색해 달라고 하나님께 의뢰하라, 부탁했어야 했다.

이는 사무엘이 선지자로 택함 받은 사유를 보면 된다.

하나님의 무서운 징벌을 겪는 선민들을 보았기에 사무엘은 모든 일을 바르게 행했다. 그런 사무엘이 늙자, 그의 아들들도 엘리 아들들처럼 하나님께 불신을 행한다.

하나님께서 보시기엔 엘리 시절의 장로들이 도리어 의로웠으리라. 그들이 늙은 엘리에게 아들들의 불의를 알리고, 그를 존중하고 믿고 기다려서다. 그래서 하나님께선 하나님의 사람을 엘리에게 보내셨음에도 엘리 부자가 듣지 않았다. 이에 하나님께서 어린 사무엘을 처음 부르시어 엘리에게 경고하셨다.

하나님께선 선민들이 블레셋에게 망해 죽도록 놓아두셨고, 경고대로 행하셨다.

그런 엘리 시대 선민들과 달리 사무엘의 선민들은 왕을 세워 달라 청한다. 이는 모세와 아론 이후 이어온 사사들의 시대에도 수백 년 간 없던 일이다. 하나님께서 선지자인 레위 지파 사제들을 정해주시고 하나님 궤를 모시는 그들을 중심으로 선민들이 하나님을 믿고 살아서다.

고로 이는 선민들의 지도자는 눈에 보이는 제사장들이 아니라 바로 하나님이셨음을 선민들의 장로들과 선민들이 항상 간과하고 지나쳤다는 기록이다.

이에 사무엘이 슬퍼한다. 하나님께서도 슬퍼서 노하셨다.

사무엘은 항상 응답해주시는 하나님께서 자신을 대신할 누군가를 지정해주시리라 기다렸으리라. 하나님께 선민들의 요구를 의뢰하며 사무엘이 상심한다. 하나님께 무지한 선민들을 대신하는 사무엘이 하나님처럼 슬퍼했다.

이 점이 엘리와 사무엘이 사제로서 크게 다른 인품임을 보여준다.

하나님께서 사랑하신 선지자 사무엘과 그의 아들들은 무사했으리라. 그의 아들들이 부친에게 왕을 요청하는 장로들로 인해서 각성하고 바르게 살았으리라.

사무엘은 선민들이 의뢰하는 소소한 사건이나 문제점들을 율법의 가르침 안에서 해결하며 바르게 지도했으리라. 또한 해결이 어려운 사안은 하나님께 기도로서 보고하여 여쭈어 하나님 도움을 받았으리라.

선지자 사무엘이 활동할 때 지상에서 하나님 통치를 받은 이스라엘이었다.

하나님의 평안과 온전함과 사랑을 모르고 사무엘 대신 왕을 달라 청하다니!

이때의 선민들은 모세가 그들의 먼먼 조상들 앞에서 하나님 말씀대로 애급에서 탈출해 우여곡절 끝에 가나안에 정착한 사실을 잊었다. 하나님 십계명 가르침인 말씀의 언약궤가 그 땅에 있음에도 하나님께 무지하고 불손했다.

선민들의 믿음이 세상에 물들어 악화해가는 징조였다.

조상들 역사를 까맣게 잊고 백성들을 대표한다는 장로들이 앞장서서 사무엘에게 왕을 재차 요구했다는 사실은 하나님께 중대한 배반이자 배신이다.

이는 선민들 믿음의 한계가 아니라 세상 사람들의 하나님 믿음의 한계다.

그 한편에 선민들의 일종의 도발 행위 기록이 세계 역사 무대에 그들이 등장하는 시점과 맞물려 있음을 볼 수 있다. 왜냐면 사울왕의 등장은 왕이라는 오만과 사욕을 채워가는 와중에 다윗의 등장이 필연임을 나타내서다.

다윗은 그때의 주변 강국들 틈새에서 이스라엘이란 이름을 떨치기 시작하는 성서의 중심에 서는 인물로 등장한다. 그의 일대기가 성서를 통해 온 세상에서 회자되는 장본인이다. 다윗과 하나님의 믿음과 신뢰의 상관관계가 가장 이상화되어 고스란히 성서에서 전해진다.

다윗의 진실한 믿음에서 나온 행동의 결과가 인류의 영원한 생명의 구원을 향한 모범을 이룬다.

세상 종교가들이 명심해야 할 사무엘의 마지막 소회인 12장 연설이다.

사무엘이 제사장으로서의 자신의 일생에 관해 선민들 앞에서 소감을 피력한다. 그가 소박하게 하나님 앞에 겸손하고 순종하며 사심 없이 오직 하나님의 중재자 역할을 하였음을 고한다.

삼상12:12-18에서 '만일'이란 말을 다섯 번 거듭하며 사울과 선민들에게 하나님 믿음에 순종하지 않으면 징벌 받으리란 경고에 눈물 머금고 머리 숙이게 한다.

그가 비록 늙어서 선지자 직위에서 은퇴하나 죽기까지 선민들을 위해, 하나님께 받은 사명인 기도와 선도와 경고로써 지도한다는 뜻이기 때문이다.

사무엘상 13장 '블레셋과의 전투'

삼상13:1-2 사울이 왕이 된 때는 서른 살이고 22년 동안 이스라엘을 다스렸다. [참고 1] 그는 3,000명의 군사를 뽑아 2,000명은 그가 있는 미크마스Michmash와 베델Bethel 고지대에, 일천 명은 벤저민의 기베아Gibeah에서 요나단과 주둔하게 한다.

삼상13:3-4 요나단이 게바의 블레셋 수비대를 습격해서 블레셋 사이에는 히브리 사람들이 배신했다는 소문이 퍼진다. 사울은 이에 나팔을 울리고 이를 들은 이스라엘은 무장하고 길갈Gilgal로 사울의 부름에 모인다.

삼상13:5-14 블레셋 군대의 위용에 이스라엘 사람들이 위축한다. 사울이 사무엘과 길갈에서 만나기를 이레 동안 기다리나(삼상 13:10:8) 그가 나타나지 않자 사람들이 겁내 흩어진다. 이에 사울이 직접 번제와 화목제를 올리자 사무엘이 도착해 다음의 말을 한다.

삼상13:13 **'네가 어리석게 행동했다! 너의 신 하나님께서 너에게 내린 명령을 지키지 않았다. 만일 지켰다면 그분께서 너의 왕국이 이스라**

I [참고 1]
   사울의 왕 즉위 연도 및 통치 기간
   NIV. NASB. HB. 사울이 30세에 왕, 42년간 통치.
   REB; 30세에 왕, 22년간 통치.
   NRSB; 명확치 않다고 한다.
   우리성경; 40세에 왕, 통치 2년 만에 군대 소집.

엘을 항상 다스리게 하셨으리라. [14] 그러니 너의 가문은 오래 가지 못하리라. 하나님께서 그분 자신의 마음을 따르는 한 남자를 찾으실 터이고 그에게 그의 백성을 다스릴 왕자로서 지명하시리라. 왜냐면 네가 하나님 명령을 지키지 않아서다.'

삼상15-23 사무엘이 위와 같은 말을 하고 그 이상의 소란은 없이 길갈을 떠나자 사울을 따르는 사람들이 남아서 진을 친다. 그러나 철기 무기를 갖춘 블레셋에 비해 이스라엘은 무기 없이 낫과 보습 등 농기구만을 들었고 오직 사울과 요나단만 칼과 창을 들고 있었다.

사무엘상 14장 '요나단의 용맹함'
삼상14:1-23 사울과 같이 있던 그의 아들 요나단 수하엔 600명이 있는데 그가 실로Shiloh에서 엘리Eli 제사장 손자에게 사제복을 들고 오게 했다. 그런 어느 새벽 요나단은 무기를 드는 부하 한 명에게 아무도 모르게 건너편 블레셋 진지의 한곳에 가자고 한다. 다음과 같은 말을 부하에게 하면서다.

삼상14:6 후반 '아마도 하나님께서 우릴 위해 무언가 하실지 모른다. 그분께선 승리로 이끌기엔 수가 많건 적건 전혀 상관 않으실 분이시니까.'

요나단이 부하에게 했던 하나님에 관한 말이 그대로 이루어진다. 요나단이 부하에게 말한다. '가자, 하나님께서 그들을 이스라엘

권한에 넘기셨다.' (삼상14:12 후반)

이들 두 사람의 기습 공격에 블레셋 진지가 순식간에 일대 혼란에 빠진다.

사울이 요나단과 부하 하나가 없음을 알자, 엘리의 손자에게 사제복을 가져오게 해서 그 손자에게 말하길 **'손을 들고 있어라.'** (삼상14:19절 후반)

그리하여 **그날 하나님께선 이스라엘을 구하셔서 그 전투는 베트아벤Beth-aven을 지나서 계속했다.** (삼상14:23)

삼상14:14-24-35 이스라엘 사람들은 그날 종일의 전투 때문에 녹초가 되었으나 사울이 사람들에게 **'나의 적들에게 복수를 다하는 밤이 오기까지는 음식을 먹으면 저주를 내린다.'**는 금지령을 부하들에게 내리게 한다. 그런데 부친과 다른 장소에서 싸우느라 이런 음식 금지령을 전해 듣지 못한 요나단이 지나친 허기 끝에 골짜기에 질펀한 꿀을 지팡이에 조금 찍어 먹고 기운 차렸다.

나중에 요나단이 부친의 금지령을 전해 듣고 말하길

삼상14:29-30 '왜 아버지는 사람들에게 해를 주는가, 봐라, 내가 이 단순한 꿀을 조금 먹고 얼마나 힘을 차리는가를. [30] **군대가 오늘 적에게 노획한 것을 먹었더라면 더 잘 싸우지 않았겠는가! 그럼 정말로 더 많은 블레셋 군을 죽였을 텐데.'**

그러자 사람들이 너무 지치고 굶주려 그들이 노획한 가축들을 맨 땅에서 죽여 고기의 피를 빼지 않은 채로 먹었다. 이를 사울에게 보고하자 외친다.

삼상14:33 후반 '이는 배신행위다!' '즉시 여기에 큰 돌을 굴려 와라.'
삼상14:34 사울이 하나님께 처음으로 제단을 세웠다.

삼상14:36-52 사울은 그날 밤에 전투를 원하지만 제사장이 그보다 먼저 전투에 관해서 하나님께 문의하길 권한다. 사울이 하나님께 의논하지만 응답이 없으시다. 이에 논란이 일어난다. 그들 가운데 누군가 죄를 지어서라며 이를 알아보는데 제비뽑기로서 행한다. 이에 다름 아닌 사울과 요나단이 뽑힌다.

그리고 다시 제비뽑기를 하여 사울 왕이 아닌 요나단이 뽑힌다. 이에 요나단이 즉시 죽을 각오를 말하고 부친인 사울 왕도 또한 그가 죽어야 한다고 맹세한다. 이에 그의 부하들이 다음의 말을 왕에게 하며 만류한다.

삼상14:45 '이스라엘의 큰 승리를 요나단이 이루게 하였는데 그가 죽어야 합니까? 하나님께서 금하십니다! 하나님께서 살아계신 한은 그의 머리카락 한 올도 땅에 떨어지면 안 됩니다, 왜냐면 하나님께서 오늘 그와 함께 일하셨기 때문입니다.'
그리해서 군대가 요나단을 구하여 그가 죽지 않았다.

이리하여 사울의 왕권은 튼튼해지고 이스라엘은 여러 전투에서 승리한다.

사울의 가계가 나온다. 사울은 키스의 아들, 키스Kish와 넬Ner은 아비엘Abiel의 아들. 사울의 군 사령관 아브넬Abner(넬의 아들로 사울과 사촌지간). 아내 아히노암Ahinoam, 아들 요나단, 이스비Ishvi, 말키슈아Malki-Shua, 딸 메랍Merab, 미갈Michal.

사울이 그의 생애 동안에는 블레셋과의 쓰디쓴 전투가 있어서 강하고 용감한 사람들을 찾으면 그의 수하로 불러들였다.

사무엘상 15장 '사울과 다윗'

삼상15:1 사무엘이 사울에게 말하길 '하나님께서 나를 보내서 네가 그분의 백성 이스라엘을 다스릴 왕으로 기름 붓게 하셨다. 지금 그 하나님 목소리를 들어라. ² 이는 만군의 하나님의 참 말씀이다. 내가 아말렉 족을 벌주려는데 그들이 이스라엘에 행한 일로 말미암음이니, 애급에서 올라올 때 길목에서 반대해서다. ³ 지금 가서 아말렉을 덮쳐 멸망시켜라, 그들의 재산을 금지해라. 누구도 살려두지 말라, 그들의 모두를, 남자 여자 품속의 아기들과 가축들, 낙타와 당나귀까지 죽여라.'

삼상15:4-9 사울이 군대와 함께 아말렉의 도시로 가서 케니트 족을 아말렉에서 나오게 하여 구해주고, 아말렉 족을 멸한다. 그러나 아말렉 왕 아각과 그곳의 재산 중 가축을 포함해 좋은 것을 다 남기고 쓸모없는 것만 멸한다.

삼상15:10-23 하나님께서 사무엘에게 말씀하길 **'사울을 왕으로 삼았**

음을 후회하신다며, 사울이 그분의 지시에 순종하지 않고 돌아서버 렸다.' 하시어 사무엘이 노해서 온 밤을 하나님께 울부짖는다. (삼상 15:10-11)

삼상15:12 다음 날 아침 일찍 사무엘이 사울을 만나러 가지만 그가 없어 길갈로 가서야 만난다. 사무엘이 왜 하나님 지시를 그대로 따르지 않았냐고 하니 사울이 변명하길, 가장 좋은 것을 남겨 당신의 하나님께 제물을 길갈에서 드리려고 했다는 욕심을 드러내는 답을 사무엘에게 한다.

삼상15:22 그때 사무엘이 그에게 말하길
'하나님 그분께서 순종하는 것만큼 전 제물과 희생제물을 바라시 겠느냐?
순종은 희생보다 훨씬 낫고 말씀 듣기가 살찐 양들보다 훨씬 낫다.
23 거역은 점쟁이와 같은 죄질이고 방자함은 우상처럼 사악하다.
네가 하나님 말씀을 거부했기에 그분께선 너를 왕으로서 거부하 셨다.'

삼상15:24-35 이러한 사무엘의 꾸지람에 사울은 다시금 구실을 댄다. 하나님 명령과 사무엘 지시를 따르지 않은 죄를 지었지만 겁이 나서 군사들에게 건네준 거라는 말을 한다. 사울이 사무엘에게 용서를 간청하러 하나님께 함께 가자고 청하지만 사무엘이 위의 전갈만을 되풀이하고 사울에게서 돌아선다. 이에 사울이 사무엘의 겉옷 끝자락을 잡는 바람에 옷 한쪽이 찢겨나간다. 이를 보자, 사

무엘이 그에게 말하길,

삼상15:28 '하나님께서 오늘 너의 손에서 이스라엘 왕국을 찢어서, 이를 다른 사람, 너보다 더 좋은 사람에게 주시리라. 29 이스라엘 영광의 신께서는 속이지도 않으시며 필멸의 인간들이 하듯이, 그분의 마음을 바꾸지도 않으신다.'

사울이 사무엘에게 간청하길 죄를 지었으나 다시 한번 이스라엘 장로들과 백성들 앞에서 영예롭게 그와 함께 당신의 신 하나님the Lord your God 앞에 경배하게 해달라고 조른다. (삼상15:30-31)

사무엘이 그와 같이 가서 하나님께 경배한다. (삼상15:31)

그때 사무엘이 사울에게 아말렉 왕 아각을 데려오라 하여 길갈의 하나님 앞에서 그를 조각내 죽인다. 이러한 말들로서 행한다.

삼상15:32 '너의 칼들이 여자들에게 아이들을 없이 한 것과 똑같이 네 모친이 여자들 사이에서 무자녀가 되리라.'

사무엘과 사울은 각자 헤어졌다. 사무엘이 죽기까지 사울을 만나지 않고 그를 위해 슬퍼했다. 하나님께서 사울을 왕으로 삼으신 것을 후회하셨기 때문이다.

사무엘상 16장 '다윗에게 기름 부음 지시'

삼상16:1 하나님께서 사무엘에게 사울 때문에 슬퍼 말라고 위로하신다. 그분 안중에 한 사람을 택하셨으니 기름 한 병을 준비해 베들레헴의 이새Jesse를 찾아가라 하신다. 이 일이 혹시 사울에게 알려질까 겁내는 사무엘에게 어린 암소 한 마리 데려가서 하나님께 제를 올린다고 하라 이르신다.

베들레헴에 가서 하나님 제사에 이새와 가족을 초대하면, 사무엘이 할 일을 일러주신다고 이르신다.

삼상16:6-13 사무엘이 베들레헴에서 다윗을 만나게 된다.

삼상16:7 하나님께서 사무엘에게 말씀하신다.

'사람을 외양으로 보지 말라, 그는 내가 거부한 자다. 하나님은 죽을 사람들처럼 겉모습만 보지 않고 오직 그 마음속을 보신다.'

삼상16:11-13 이새의 아들들 일곱이 사무엘에게 인사하였으나 이들 중에 없다고 하나님께서 사무엘에게 말씀하신다. 사무엘이 이새에게 다른 아들이 없는가 묻자, 가장 어린 막내가 들판에서 양을 돌본다고 한다. 그가 오기까지 사무엘이 먹지 않고 기다리겠다, 한다. 그리하여 이새의 막내아들을 만난다.

삼상16:12 **잘생기고 뺨이 붉은 다윗이 불려오자, 하나님께서 사무엘에게 '일어나 그에게 기름을 부으라.' 하시며 '이 남자가 그 사람이다.' 하신다.** [13] **사무엘이 그에게 기름 붓기를 그의 형제들 앞에서 행한다. 그러자 하나님의 영이 다윗에게 그날부터 와서 그와 함께하셨다.** 그리고 사무엘은 라마의 자기 집으로 돌아갔다.

삼상16:14-23

¹⁴ 하나님의 영The spirit of the Lord이 사울을 포기하시어 하나 님에게서 오는 악한 영an evil sprit of from the Lord이 때때로 그 를 별안간 사로잡았다. ¹⁵ 그의 종들이 그에게 '당신은 신으로부터 온 악한 영이 당신을 사로잡는 것을 압니다. ¹⁶ 주인님, 왜 당신은 이곳의 종들에게 여기저기서 칠현금을 타는 사람을 찾으라고 명하지 않습니 까? 그러면 신으로부터 당신께 악령이 올 때 그가 연주할 수 있고 당 신은 회복될 겁니다.'

사울이 연주를 잘 할 수 있는 사람을 찾아서 데려오라 하자, 그 의 부하 중 하나가 베들레헴의 이새의 아들 하나가 연주를 잘하 고 잘생기고 용감해서 하나님께서 그와 함께하신다고 추천한다.

그래서 다윗이 사울의 시중을 들자 사울이 그를 사랑해서 자신 의 무기를 드는 자로 한다. 사울이 이를 위해 이새의 허락을 구했 다. 그 이후 사울에게 악령이 올 때마다 다윗이 악기를 연주하면 그가 안심하고 회복이 되어 악한 영이 떠나서 혼자 남게 되었다.

생각할 점

위의 참고처럼 구약성서의 시간은 약간씩 달라서 가늠해 볼 소 지가 있다.

먼저 사울이 왕이 된 해가 사십 세 혹은 삼십 세라고 하여 그 이유를 생각해 보려 한다. 40세보다는 30세가 바람직하다고 보 여서다.

그 이유는 삼상9:1-14의 사울에 관한 첫 기록 때문이다. 그의 부친이 아들에게 당나귀들을 찾아오라며 시종 하나를 붙여서 내보낸다. 부친이 사울을 혼자 보내지 않음은 그가 미덥지 않아서인 듯하다. (삼상9:2)

사울이 하나님의 사람인 사무엘을 만나지만 반가워하지도 어려워하지도 않았다. 그를 만나게 된 일도 그의 시종 생각이고 그 시종이 가진 적은 돈으로 가자고 해서 마지못한 듯이 간다. 그런데다 사무엘이 그에게 전해주는 하나님 말씀들에 관해 미심쩍어 한다. 그는 선민들의 존중을 받는 나이 든 선지자인 사무엘에 대한 존경심도 없고 상황 판단도 못하며 하나님조차 모른 듯이 보인다.

하지만 그 사울에게 하나님 기름부음을 받게 하라고 하나님께서 사무엘에게 말씀해주셨다.

이런 사울이 **삼상 13장**에선 왕으로서의 지도력과 담력을 하나님과 선민들 앞에서 시험받는다. 왕의 첫 길갈 전투에서 사무엘을 기다리라는 하나님 신앙 순종과 인내심 시험이다. 그가 군 최고 지휘자로서 적의 위용에 겁내는 군사들에게 사무엘을 기다리자고 의젓이 지휘하며 대처할 임기응변과 순발력이 없었다.

이스라엘 하나님 위용의 막강함을 왕답게 군사들에게 설파해서 그들을 진정시킬 줄 몰랐다. 제사장 사무엘이 오기까지 군사들 사기를 잃지 않게 대처할 담력과 왕으로서의 용기와 지도력과 임기응변술이 없었다.

그간에 하나님의 영이 그와 함께한 경험을 그리 겪고도 그 순간에 하나님께 기도로 요청할 줄 몰랐다.

기껏 사무엘을 대신하는 제사장 역할을 감히 하다니.

이런 행위가 사무엘과 하나님 믿음을 동시에 배신한다.

사울은 순전한 믿음이 없는 겉보기만 그럴듯한 용기 없는 소심한 인물이었다.

이로써 사울은 그의 왕위가 그의 가문이 아닌 다른 이웃으로 옮겨간다는 하나님 전갈을 사무엘에게 듣는다.

삼상 14장에선 사울의 아들 요나단의 신앙심에서 우러나온 기지와 용기에 하나님께서 함께하시어 강한 블레셋 군을 꺾고 이스라엘이 승리하게 해주신다.

그런데 뜻밖의 한 가지 불상사로 요나단이 죽음에 처한다. 그러나 선민들 군대가 모두 나서서 사울 왕을 제지해 요나단이 죽음을 면한다.

어떻게 사울은 맏아들 요나단을 죽인다고 왕으로서 부친으로서 맹서까지 하는가!

그럼에도 그 후로 사울이 왕권을 지키며 선민을 위해 이방 족속들과 계속 싸운다.

삼상 15장은 사울 왕이 사무엘의 하나님 말씀을 전적으로 거부하는 내용이다.

사울 왕에게 사무엘이 와서 그분 말씀을 전한다.

왕이 군사를 이끌고 아말렉 족속을 치되 남녀노소, 가축을 전멸할 것과 그들이 소유한 재산은 그 무엇도 취하지 말라 전한다.

그런데 사울은 그런 말씀에 불복해 아각 왕을 살리고 그의 재물들과 가축들을 차지한다.

그 저녁에 하나님께서 사무엘에게 사울을 왕에 지명한 일을 후회하신다 말씀하자 이에 사무엘이 밤새 울부짖는다. 사무엘은 선민들이 받을 하나님 징벌도 두렵지만 그 무엇보다도 사울의 배신인 불신에 분노한다.

사무엘이 사울을 찾아가 날카롭게 책망하자 사울이 마지못해 죄를 고백한다. 사무엘이 떠나려 하자 사울에게 옷이 찢긴다. 이에 사무엘이 하나님께서 왕국을 너보다 더 나은 너의 이웃에게 주시리라며, 사울의 뒤늦은 죄의 고백이 소용없다 한다. (삼상15:26-29)

사울이 삼상 13장에선 사무엘을 이레간 기다리지 못하고 사무엘 대신 제사를 올려 노 선지자를 실망시킨다.

사울이 삼상 15장에선 하나님 말씀까지 직접 어기고 따르지 않아서 이에 하나님까지 실망시킨다. 이를 꾸짖는 사무엘에게 사울이 거짓 변명까지 늘어놓는다.

사무엘의 하나님 전갈 말씀에 놀란 듯이 그때야 사울이 보여준 처신도 순 인사치레다.

사울이 사무엘에게 자신이 죄를 지었지만 선민들과 장로들 앞에서 자신을 영예롭게 해달라며 하나님께 경배하게 해달라고 조르기 때문이다. 이에 사무엘이 사울에게 아말렉 왕 아각을 데려오라 해서 그를 조각내 죽인다. (삼상15:32-33)

잠시 선민들의 조상들 역사를 되새긴다.

사울과 아각이란 이름에서 여호수아기의 아간의 이름이 비슷해서 떠올라서다.

그 예전 기록(수 7장 '아간의 범죄')도 필히 되새길 필요가 크다. 하나님께서 금지를 명하신 이방인들 재산을 아간 일족이 몰래 감춘 죄로 갑자기 땅이 갈라져 그들 일족만 모두 삼켜버린 무서운 기록 때문이다.

동시에 길갈Gilgal이란 장소의 중요성도 재고한다.

이도 여호수아기에 소상하다. 선민들이 여리고의 저지대인 길갈에서 그들이 장막을 치고 그달 14일 저녁에 유월절을 지냈다. 그 유월절 이후에 그들이 그 지방의 소산물을 먹게 되자 만나가 그쳤다고 나온 장소여서다. (수5:10-12)

애급에서 모세와 함께 홍해를 건넌 선민들의 불신 때문에 그들을 시나이 광야에서 40년간 방랑하게 해서 다 죽게 하신 하나님 사건을 잊지 말아야 한다. 거기서 새로 태어난 선민들만이 여호수아에게 이끌려 가나안 땅에 들어온다. 이들이 할례를 받게 하라고 하나님께서 여호수아에게 명하신 장소가 기베앗 하아랏롯Gibeath-haaraloth인데 가나안 땅이다. (수5:2-5)

참고로 아브라함 할례(창17:10-11), 선민들의 첫 할례(출12:48), 두 번째 선민들 할례가 약속의 땅 가나안에서 이루어졌다.

여호수아 6장은 여리고성의 전투를 다룬다. (참조 요망 「단테의 신곡 읽기 4」, 히 11장 믿음의 장, 132-148쪽)

사무엘은 죽는 날까지 사울의 재물 탐욕과 그의 불신을 슬퍼하며 만나지 않았다. 여호수아 시대에 아간 일족의 탐욕에 내린 하나님의 가혹한 징벌이 있었음에도 사울 왕의 사욕이 그들과 똑같아서였으리라.

하나님께서도 그를 왕으로 삼으신 일을 후회하셨다. (삼상15:35).

하나님과 사무엘의 관계, 하나님과 사울의 관계를 유의하여 짚어볼 일이다. 사무엘을 하나님께서 진실로 사랑하셨음을 비교할 수 있어서다. 하나님을 향한 사무엘의 평생 일관한 경외심과 순종의 진실함을 보셨기 때문이리라.

사울의 다른 점이 외관상으로 보인 일들뿐일까?

사울은 선민들이 사무엘에게 왕을 요청해 사무엘이 하나님께 의뢰해 정해주신 인물이다. 사울은 나이 든 사무엘처럼 하나님 앞에서 선민들을 대신할 책임을 가진 왕이다. 그는 이방 왕들과는 달리 자신을 왕으로 정해주신 하나님께 경외심을 지녔어야 옳다.

이런 이유는 삼상14:19-22에 자세하다.

사무엘의 마지막 연설에 선민들의 왕 요구가 하나님께 큰 잘못임을 알리자 선민들도 이를 고백해서다.

이로써 사무엘이 지켜온 사제 직위의 위상이 선민들 입장에서 크게 달라졌다. 선민들에겐 사제와 왕으로 종교와 정치를 대표하는 지도자가 둘이나 생긴 셈이다.

사무엘, 사울, 다윗 세 사람은 하나님의 따뜻한 입김을 직접 받은 사람들이다. 사무엘은 그 자신이 기름을 부어주고 선민들 앞에서 자신의 정치 권한 대행을 넘겨준 사울의 불신에 깊이 슬퍼했다. 자신을 대신할 사울이 하나님 섬기는 외경심이 없음에 선민들의 앞날을 걱정해서다.

삼상 13-15장은 사무엘과 하나님께서 한 마음으로 선민들의 믿음의 진로를 걱정하는 놀라운 이야기들이다.

사무엘은 자신의 스승인 제사장 엘리의 불신이 불러온 블레셋 군과의 전투를 잊지 않았고 하나님 궤를 빼앗긴 과거를 잊지 않았다. 하나님을 깊이 섬겨 순종하고 규례를 지켜서 선민들을 올바르게 선도하는 최고의 지도자였다.

삼상 16장은 하나님께서 사울 왕 때문에 슬퍼하는 사무엘을 위로하는 내용이다. 즉 다윗의 등장이다. 하나님께선 사무엘에게 사울을 대신할 인물을 소개하신다. 하나님께서 사무엘에게 베들레헴으로 가라시며 그분께서 찾으신 한 사람을 알려주신다. 이새 Jesse의 아들들을 만나보라고.

하나님께서 당신의 사람인 사무엘의 깊은 슬픔을 다독이신 기록이다. 이로써 늙은 사무엘이 하나님 위로에 감동받는다.

그가 베들레헴에 간다.

다윗의 등장은 사울의 등장과 사뭇 다르다.

사무엘이 사울(30세 왕. 사무엘 45세)과 다윗(15세. 사무엘 80세. NIV.주)에게 하나님 지시대로 기름을 부었다. 이때 사무엘 나이에 유의하며 사울과의 첫 만남을 돌아본다. 사울은 나이 다 자란 성년의 나이지만 부친이 딸려준 하인 중의 하나와 집안의 나귀들을 찾아 나섰다가 하나님의 사람 사무엘을 만난다. 여러 신기한 경험들을 한다.

사울이 이를 분별할 줄 모른 셈이다. 왜냐면 이는 흔히 말하는 신이 내린다는 무속 같은 경험을 청년 사울이 사무엘 예언대로 가진 기록이기 때문이다. (삼상9:19-17, 10:1-13)

이러한 청년이던 사울과 달리 소년 다윗은 하나님의 사람 사무엘이 찾아오는 그 집안 중요 행사에 빠질 만큼 어렸다. 다윗은 마을에서 멀리 떨어진 먼 들판에서 양떼들을 혼자서 지키고 있었다.

성서의 중요 두 인물 등장이 처음부터 이처럼 크게 다르다.

어찌 보면 사울은 신앙심 깊지 않은 일반 선민들에게는 부합한 허우대만 좋은 보통 사람이었다. 그는 하나님께서 신앙심 분별없는 선민들에게 본보기로 보내 주신 인물이다. 그럼에도 하나님께선 왕을 요구했던 그 선민들과 사울을 도와주신다. (삼상9:15-10:24)

선민들은 하나님이 주관하신 선지자들의 정치와 종교가 일치한 정교일치 사회에서 살았다. 그런데 이때부터는 선민들의 종교와 정치가 따로 굴러가기 시작한 셈이다.

하나님 기록은 그분께서 선민들과 인류의 구원을 바라시며 그분의 기획에 관한 계몽을 하는 기록임을 놓칠 수 없다.

그러기에 끊임없이 우리를 지도할 통치자를 바로 찾아야 하고 반드시 일거수일투족을 감시해야 한다는 경고다.

우리들 각자가 깨어서 선한 지도자를 찾을 능력과 분별력을 길러야 한다.

본론에 앞서 이제까지의 상황들을 간추린다.

사무엘이 선민들의 사사로 선지자로 평생을 그들과 지내왔음에도 이스라엘 장로들, 율법사들이 그에게 요청한다. 가나안 주변의 나라들처럼 왕을 뽑아 달라고 하나님께 간청하길 원해서 그가 슬퍼한다. 이를 보신 하나님께선 사무엘이 의논하자 **'그들이 제사장인 너를 거절하는 게 아니고 바로 하나님 당신을 거절하는 일'**이라 알려주신다.

하나님께선 **'선민들에게 왕이 생기면 선민들이 왕에게 행할 일들을 일러주라.'** 사무엘에게 지시하며 **'그래도 그들이 왕을 청하면 들어준다 하라'** 하신다. (삼상8:6-10)

사무엘이 하나님 지시대로 선민들에게 왕이 지배하면 무슨 일이 생기는가, 들려주나 그들 주장을 굽히지 않는다. 하나님께선 그들 소원대로 사무엘이 하나님 기름 부음 받을 사울을 만나게 하신다. 사무엘이 사울에게 이를 행하고 하나님께서 택하신 왕을 선민들에게 소개한다. (삼상 9-10장)

사울이 이스라엘 첫 왕이다. 그가 왕이 되자 하나님 말씀을 중시하지 않기에 그에겐 믿음, 참을성, 용기, 지도력 없음이 드러난다. (삼상 13-15장)

그리하여 다음 결과에 이른다.

* 삼상15:10-11

¹⁰ 하나님의 말씀이 사무엘에게 왔다: ¹¹ **'나는 사울을 왕으로 만든 것을 후회한다. 왜냐면 그가 내게서 돌아서 버리고 나의 지시들에 순종하지 않아서다.'** 사무엘은 화가 나서 온 밤을 큰소리로 하나님께 울부짖었다.

하나님께선 그분께 충실한 늙은 종 사무엘의 깊은 상심을 위로하신다. 하나님께서 선민들을 위한 다른 사람을 택하시어 알려주신다. 장차 왕이 될 인물을 사무엘이 만나게 인도하신다. 하나님께선 사무엘이 베들레헴의 이새 가족을 찾아 다윗을 만나 기름부음을 행하게 하신다.

하나님께서 사무엘의 깊은 근심을 안심시키신 놀라운 기록이다. (삼상 16장)

이런 사무엘에 비해 사울의 됨됨이가 17장부터 나온다.

사무엘상 17장 내용

선민들의 가나안 정착에 주변의 이방 민족들과의 사투가 끊임없다. 사울이 왕이 되자 블레셋 군이 몰려와 진을 친다. 블레셋 군이 골리앗이란 거인 장수를 앞세워 선민의 장수와 일대일로 싸우자 도전한다. 이에 겁먹은 이스라엘 군에게 그 거인의 수치스런 망발을 하루 두 번씩 듣는 대치가 40일간 지속해 군의 사기를 떨어트린다.

그곳으로 소년 다윗이 부친 심부름으로 형들을 찾아온다.

다윗이 블레셋 장수 골리앗의 무지한 하나님 모욕 발언을 듣자마자 분노해 의기가 탱천한다. 하나님을 위한 순전한 분발심에 다윗이 그와 맞서겠다고 한다. 사울 왕이 그의 갑옷과 무기들을 주지만 무거워 거절한다.

다윗은 평소의 그 자신 그대로 적의 장수에게 나간다.
다윗이 말하길 **'맹수로부터 들판의 양떼와 자신을 지켜주신 거처럼 이스라엘 하나님께서 자신을 지켜주시리라.'**
다윗은 맹수에게 돌팔매질하듯이 조약돌 다섯 개를 주워 물매주머니에 넣고 양을 몰던 지팡이를 들고서 거인 장수 골리앗에게 간다. 그가 마주 오자 다윗이 빠르게 달리며 주머니에서 돌 한 개를 꺼내 휘둘러 거인의 이마에 명중시켜 단숨에 거꾸러트린 후에 칼로 목을 벤다. 이스라엘 군이 압승한다. 다윗이 적장에게 했던 말이 다음과 같다.

삼상17:45 "너는 내게 대항하길 칼과 창과 단도를 가져오나, **나는 너에게 만군의 하나님, 네가 무시하는 이스라엘 군사들 하나님 이름으로 대항한다.** [46] **하나님께서 오늘 너를 나의 힘 아래 두실 거다. 나는 너를 쳐서 거꾸러트려 네 머릴 잘라서 너와 블레셋 사람들 시체를 들판의 짐승들과 새들에게 남긴다. 전 세계가 이스라엘에 유일신이 계심을 알게 되리라.** [47] **여기 모인 모든 자들이 하나님께선 칼이나 창 없이도 구원하시고 전투가 하나님 것이며 너희 모두를 우리 힘 아래 두심을 알게 하리라.'**

사무엘상 18장 내용

다윗이 골리앗을 죽인 그날의 대승리로 사울 왕이 다윗을 부친에게 돌려보내지 아니한다. 또한 사울의 아들 요나단이 다윗을 지극히 사랑하게 되어 둘이 조약까지 맺고 그가 겉옷과 무기까지 다윗에게 준다. 그 이후 여러 전투에서 다윗이 사울의 지휘관들을 만족시키며 군대와 함께 돌아온다. 이들을 마중 나온 여인들의 노래 가사에서 다윗의 인기가 월등함에 사울이 분노하고 걷잡기 힘든 시기심이 생기기 시작한다. (삼상18:1-9)

그 이후 사울이 틈만 나면 다윗의 생명을 노릴 기회를 찾는다. 수금을 타는 다윗에게 창을 던져 죽이려 시도하고, 극심한 전투의 싸움터로 보내서 적의 손에 죽길 바란다. (삼상18:10-16절)

그러나 그때마다 사울은 하나님께서 다윗과 함께하심을 보며 심히 두려워한다. (삼상18:12, 15)

사울이 다윗에게 자신의 큰딸 메랍을 준다며 험한 전쟁터에 보내려 하나 왕의 사위가 될 수 없는 미천한 신분이라며 사양한다. (삼상18:17-19)

사울의 작은딸 미갈이 다윗을 사랑함에, 사울이 다윗을 죽이고자 블레셋 사람들 포피 일백 개를 구해오라는 조건을 건다. 다윗이 이를 거뜬히 수행, 왕의 사위가 되니 사울이 더욱 두려워하여 나머지 일생을 다윗의 적으로 지낸다. (삼상18:20-29)

이후에도 블레셋이 쳐들어올 때마다 다윗이 큰 성과를 거둔다. (삼상18:30)

다음은 사울이 다윗에게 행한 악행들이다. 하나님을 향한 열성이 악독한 시기심으로 변한다는 기겁할 내용들이다.

삼상18:10 다음 날 한 악한 영이 하나님께로 와서 사울을 사로잡는다. 그가 집안에서 광기에 빠져들자 다윗이 전에 하던 대로 그에게 수금을 타준다. 사울이 그의 손에 창을 쥐고 [11] 이를 다윗에게 던지며 그를 벽에 꿰어 박으려 했으나 두 번을 다윗이 살짝 옆으로 피한다. [12] 이후로 사울이 다윗을 두려워함은 하나님께서 그를 버리시고 다윗에게 계심을 보았기 때문이다.

삼상18:17-18 사울이 다윗에게 '여기 내 큰딸 메랍이 있다. 내가 그녀와 너를 결혼시키겠으니 그 보답으로 너는 하나님의 전투에서 용맹하게 싸워 봉사해야 한다.' 사울은 다윗이 그 자신보다는 블레셋의 손에 끝장을 맺기 바랐다. 다윗이 자신은 미천한 출신이라며 첫 결혼 제안을 정중히 사양한다.

삼상18:25 사울이 답하길 '다윗에게 이를 말해라, 왕이 신부의 대가로 바라는 것은 오직 그의 원수를 복수하는 방식인 블레셋 사람들 일백 명의 포피다.' 사울은 다윗의 죽음의 책임을 블레셋 사람들 손에 지우려고 했다.

삼상18:27 다윗이 그의 부하들과 나가서 블레셋 사람 이백 명을 죽여 그들 포피를 가져다 왕에게 주고 사위로 받아들이게 했다. 사울이 그의 딸 미갈을 다윗과 결혼시켰다. [28] 그가 분명히 하나님께서 다윗에게 계심을, 그의 딸 미갈이 사랑에 빠진 것을 보았다. [29] 그래서 그가 점점 더 다윗을 두려워하며 나머지 일생을 그의 적으로 살았다.

사무엘상 19장 내용

사울이 아들 요나단과 온 가족들에게 다윗을 죽이자고 선동한다. 그러나 다윗에게 헌신하는 요나단이 부친을 설득하고 간청, 그런 일이 없게 주선한다. 요나단이 다윗을 불러서 전처럼 사울 왕의 시중을 들게 한다. (삼상19:1-7)

블레셋과의 교전 상태가 다시 불거져 다윗이 공격을 감행해 블레셋이 심히 패하여 도망가 버린다. (삼상19:1-8절)

하나님에게서 악한 영이 사울이 손에 창을 쥐고 앉아 있을 때 왔다. 다윗이 수금을 연주하고 있었다. 사울이 창을 던져 다윗을 벽에 꽂으려 하나 그를 피해 창이 벽에 박혔다. 다윗이 도망가 안전히 피했다. (삼상19:9-10)

그 밤에 사울이 부하들을 다윗의 집에 보내며 아침에 죽이라고 명한다. 다윗의 아내 미갈이 남편에게 경고해서 창문을 통해 그 밤에 도주시킨다. (삼상19:11-12)

다윗이 라마의 사무엘에게 피신해 사울이 한 짓을 전한다. 그들이 나욧Naioth에 가서 머문다. 사울이 다윗의 장소로 부하들을 보내 잡으라 하나 그들이 열광의 예언자들 무리와 사무엘을 보자, 하나님 영이 그들에게 내려와 그들도 예언의 열광에 빠진다. (삼상19:18-20)

사울이 다른 무리를 보내나 이들도 열광에 빠져 세 번째 사람들을 보내지만 같은 일이 생긴다. 사울 자신이 라마로 가서 큰 우물 세쿠에 온다. 사울이 라마의 나욧에 가는 도중 하나님 영이 와서 그곳에 이르자 그 또한 예언의 열광에 든다. 그가 옷을 벗고 사무엘 앞에서 나머지 사람들과 함께 종일 벗은 채 누워 밤을 보낸다. 사람들이 '사울 또한 그 예언자들 가운데 있냐?' 말하게 된 이유다. (삼상19:21-24)

이를 종합하면 다윗은 용맹한 행위로 선민들의 사랑을 받는다. 이로써 다윗을 위험하게 하는데 사울의 치졸한 경쟁심이 시기심을 촉발해서라고만 볼 수 없이 복잡해서다.

다음과 같은 일들 때문이다.[참고 1]

I **[참고 1]**
중요 구절을 아래에 참조한다.

삼상16:14 하나님의 영이 사울을 저버리자, 그 즉시 하나님에게서 오는 한 악한 영이 사울을 갑자기 사로잡았다. The spirit of the Lord had forsaken Saul, and at times an evil spirit from the Lord would seize him suddenly.

삼상16:23 하나님에게서 한 악한 영이 사울에게 올 때마다 다윗이 그의 수금을 잡고 연주하면 사울이 안도하게 되었다. 그가 회복하여 그 악한 영이 그를 떠나 혼자가 되었다. And whenever an evil spirit from God came upon Saul, David would take his lyre and play it, so that relief would come to Saul; he would recover and the evil spirit would leave him alone.

삼상18:10-12
삼상18:10 다음 날 신에게서 온, 악한 영이 사울을 잡았다. 그가 집 안에서 미쳐 쓰러져 다윗이 수금을 연주했는데 전에 하던 대로다. 사울의 손에 창이 하나 있었고, [11] 그가 이를 다윗에게 던져, 벽에 그를 꽂으려고 의도했다. 그러나 두 번 던졌으나 다윗이 피했다. [12] 이후에 사울이 다윗을 두려워하니 그가 하나님께서 그를 버리고 다윗에게 계심을 보아서다.

삼상19:9-10
삼상19:9 하나님에게서 악한 영이 사울에게 왔는데 집 안에서 손에 창을 쥐고 앉아 있을 때 사울이 다윗을 죽이라고 보낸 부하들이 사무엘과 같이 있던 사람들이 예언하는 것을 보자, 그들에게도 하나님 영이 임한다는 사실이다. 사울이 두세 번 부하들을 보내나 같은 일이 생겨 결국 사울이 오니 그에게도 같다니!

이런 일들이 믿음의 행동과 생활에 무슨 관련이 있는가, 긴히 생각할 문제다. II[참고 2]

사무엘상 20장 내용

사울의 아들 요나단과 다윗의 우정의 일화가 주 내용이다.

선한 요나단은 그보다 나이가 어리나 총명하고 걸출한 다윗을 자신의 생명처럼 사랑했다. (삼상20:17)

다. 다윗이 수금을 연주하고 있었다. ¹⁰ 사울이 그 창으로 다윗을 벽에 꽂으려 시도했으나 왕의 의도에 살짝 피했고 사울이 창을 벽에 던졌다. 다윗이 안전히 피해서 도망쳤다.

II [참고 2]

마6:9-13 주기도문에서 아래 말씀이 떠올라, 사울에게 임한 악한 영의 두려운 기록들과 비교된다.

¹³ '우리를 시험에 두지 마시고 오직 우리를 악한 자에게서 구해 주십시오.'

¹³ 'And do not put us to the test, but save us from the evil one.'

마4:4, 7, 10의 다음의 주님 말씀과 똑같다고 할 수 있다.

⁴ '사람은 빵만으로 살지 못하고 오직 하나님 입에서 나오는 모든 말씀으로만 산다. ⁴ Man is not to live on bread alone, but on every word that comes from the mouth of God.'

⁷ '너희는 너희의 신 하나님을 시험에 두지 말라. ⁷ **You are not to put the Lord your God to the test.**'

¹⁰ 사탄아, 내 눈에서 나가라! 성서가 말하니 "너희가 너희의 신 하나님을 경배하고 오직 그분만을 숭배하라. ¹⁰ 'Out of my sight, Satan! Scripture says, "You shall do homage to the Lord your God and worship him alone." '

부친인 사울 왕이 다윗을 향한 증오가 극에 달해 아들인 요나단 자신까지 죽이려 들자 비밀리에 다윗과 눈물의 작별을 고한다. 그들 후대의 친선을 서약했으나 마지막 이별이라서 다윗이 많이 슬퍼했다. (삼상20:41-42)

요나단이 다윗에게 얼마나 지극한 사람이었는가는 20장 전반에 나온다. 요나단과 다윗의 주요 언급은 20:12-16에 자세하다.

그런데 이를 다른 차원에서 생각해 볼 수 있다.

요나단이 용감히 부친을 벗어나 죽을 각오로서 다윗과 도주했다면 어떤 일이 생겨났을까? 왜냐면 그가 사울의 큰아들이다. 자식 이기는 부모 없다는 말이 있지 아니한가.

요나단이 충심으로 자신의 왕위도 연연하지 않을 만치 다윗을 사랑하고 하나님을 사랑했다면 달라지지 않았을까?

요나단은 부친이 하나님 눈에서 벗어났음을 그가 올바르지 않음을 보았다. 그럼에도 다윗을 수없이 죽이려 하는 부친을 차마 벗어나지 못했다.

끝까지 부친과 가족을 지키며 선민들의 장수로 남았다.

세상눈에는 일단 효자다.

삼상 21-26장의 내용 요약은 위의 소제목이 대신한다.

삼상 21-26장엔 다윗과 사울의 인품이 비교되는 사건들이 넘친다.

결국은 사울 왕의 시기심에서 발단한 다윗을 향한 끈질긴 죽음의 추적과 이를 피해 쫓기는 다윗의 고단한 과정이다.

이런 일들의 원인이 선민들이 사무엘에게 왕을 세워 달라 하나님께 요구해서 생겼다는 점을 간과해선 안 된다.

단적으로 선민들이 하나님 믿음이 그다지 깊지가 않은 데서 기인한다고 볼 수 있다. (참조, 삼상8:7-9)

선민들이 그들의 과거사를 자주 잊기에 생긴다.

그들이 사무엘이 하나님의 사람인 줄도 하나님께서 그와 함께하신 사실도 잊고 무시한 셈이다. 물론 사무엘보다 앞선 엘리 제사상 일가의 말로를 선민들이 기억했고 또한 사무엘 아들들도 같은 오류를 범해 생긴 일이긴 하다.

그들이 하나님께 만사를 맡기고 사무엘과 의논을 더 했어야 바르다. 하나님은 그들의 하나님이다. 하나님께서 그들의 열두 지파 족장의 신이심을 잊고 무시한 셈이다.

애급에서 그들 조상들이 노예로 살았던 과거를 잊은 듯이 행동했다. 하나님께서 그들을 택하시고 다스리심을 잊은 듯이 행동했다.

그런데 현재의 우리가 이들을 나무랄 수 있는가?

그 옛날 그러한 선민들과 다른, 바른 믿음이라고 자신할 수 있는가?

하나님께서 선민들의 앞날을 내다보고 계셨음을 이런 기록을 통해 배운다. 살아 계신 하나님께서 진실한 사람을 항상 살피고 찾으심을 깨달으라는 이야기일 수 있다.

사무엘상 21장 내용 요약

삼상 20장 말미(삼상21:35-42), 요나단은 부친 사울이 다윗에게 품은 살의를 확인해 다윗에게 도주를 권한다.

다윗이 급히 도망치다가 배가 고파서 놉의 제사장에게 들러 식량을 요청한다.

다윗이 놉Nob(예루살렘 약간 북쪽 위치)의 제사장 아히멜렉Ahimelech에게 왕의 비밀 용무라며 그가 함께한 부하들과 같이 먹을 양식을 구한다.

이에 다윗을 아는 제사장 아히멜렉이 하나님 제단 위에 놓인 거룩한 빵인 진설병(출19:15, 25:30, 레24:9, 15:18)만 있다며 그들이 성결하다면 문제없다고 그날 구워 아침에 올렸던 빵을 내어준다. (삼상21:1-6)

이 기사가 지극히 의미심장함은 예수 그리스도께서 이를 자신과 비교 언급하며 인용하셔서다. (마15:34, 6:9)

그 이유는 선민들에게 하나님 전의 진설병은 절대 먹을 수 없는 음식이다. 진설병은 하나님께 올리기에 오직 하나님 섬기는 신분의 사제와 그들 가족만 먹을 수 있다.

다윗의 진설병 사건은 사제들 스스로 정화해서 하나님 앞에 거룩한 계급의 신분이듯이 다윗도 거룩한 사람임을 증명하는 사건이다. 사무엘에게 하나님 기름부음 받은 다윗은 종교 사제와 신분이 동등하다는 의미다.

다윗은 자신을 죽이려는 사울에게서 살아나고자 밤새 도망치다 허기로 지쳐서 성역인 놉의 제사장에게 찾아간다. 제사장 아히멜렉은 다윗을 알아본다. 다윗의 지친 모습과 거짓말을 듣지만 골리앗 사건에서 하나님께서 그와 함께하심을 보았기에 진설병을 내어준다.

다윗을 놉의 제사장 아히멜렉에게 이끈 분이 하나님 아니시겠는가!

이보다 그 직전에도 다윗이 목숨을 구하고자 사울에게서 도망친 곳이 라마의 사무엘이었다. (삼상19:18-24. NIV.성서 442쪽 참조하면 라마 Ramah는 놉Nob과 기베아gibeah보다 위쪽에 있다. 기베아는 사울의 거처였다).

사울이 그때 부하들을 보내 다윗을 네 번씩이나 죽이려 했다. 그래서 라마가 아닌 놉의 제사장에게 다윗이 간 듯하다. 사무엘에게 두 번씩 갈 수 없었으리라.

그리스도께선 선민들이 지금도 그리워하는 다윗의 진설병 일화를 예로 드신다. **'당신 자신이 하늘에서 내려온 생명의 빵이라'** (요 6장) 말씀하신다.

그리스도에게 다가오는 십자가상의 죽음만이 당신께서 인류에게 영원한 진설병이 되신다는 말씀이다.

성자와 인자로서 말씀이 영원한 생명이심을 알리신다.

그리스도 말씀인 일용할 양식을 먹고 진실해야 다시 살 수 있다. 이런 다음 기사들이 대신한다.

* 마태복음 12:1-8(막2:23-28, 누6:1-5)

ㅁㅏ12:1 그즈음 안식일에 예수께서 옥수수 밭을 지나서 가는 동안에 제자들이 배고픔을 느껴 옥수수 몇 개를 뽑기 시작해 낟알을 먹었다. ² 바리새인들이 이를 보고 그분께 말하길 '보시오, 당신 제자들이 안식일에 금한 것을 행하고 있소.' ³ 그분께서 답하길 '**너희는 다윗과 그 부하들이 배고플 때 어떻게 했는가를 읽지 못했느냐? ⁴ 그가 하나님의 집에 가서 오직 제사장들만 먹는 거룩한 빵일지라도 그나 그의 부하들이나 이를 먹을 권리가 없음에도 먹었다. ⁵ 혹은 너희들이 안식일에 신전에서 제사장들이 안식을 깨도 그들이 죄를 짓지 않는다는 율법을 읽지 않았느냐? ⁶ 그래서 내가 너희에게 말하니, 거기 그 신전보다 더 위대한 무엇인가가 여기에 있다. But I tell you, there is something greater than the temple here. ⁷ 만일 너희가 이 구절 "내가 요구하는 것은 자비이고 제물이 아니다." 뜻이 무언지 안다면 너희가 죄 없는 자를 비난하지는 않았어야 했다. ⁸ 인자가 안식일의 주인이기 때문이다.'**

이로써 다윗이 하나님께 올린 진설병으로 생명을 구한 사건이 결국은 그의 후손들에서 메시아 탄생으로 이어진다는 그리스도

해설이시다. 다윗이 그리스도의 40대 조상 중에 열네 대째다.

그리스도께선 그분 자신을 '생명의 말씀'이자, '생명의 떡'이라 칭하신다.

하나님의 진설병을 먹은 선민은 다윗 말고는 없기에 이를 그리스도께서 인용하신다. 다윗은 그리스도께서 세상에 오시기 약 일천 년 전에 하나님의 진설병을 먹고 생명을 구했다. 그래서 하나님 믿음의 진실한 왕이 되었다.

놉의 제사장에게 다른 빵이 있었다면 제사장과 다윗이 율법을 어기진 아니했을 테니 겉보기엔 율법을 어긴 셈이다.

그러나 그런 구약시대의 거룩한 진설병 제도가 지금은 사라졌다. 신약이신 구세주가 오셔서다.

그러나 이때의 다윗은 율법을 어겨서라도 자신과 그를 따라온 부하들의 생명을 구해야만 했다. 다윗의 사흘간 쫓긴 행색에도 개의치 않고 진설병을 내어준 놉의 제사장 아히멜렉도 생명의 소중함을 증명한다. 다윗이 목숨을 걸고 골리앗을 죽여서 나라를 구한 용사여서다.

다윗처럼 역사상 중요 인물이 율법을 어긴 일이 생명이 걸린 일이면 하나님 앞에 정당하다고 증명한 기사다.

그리스도께서 이를 콕 집어 지적하지 아니하셨다면 깨닫지 못한 채 지나갈 대사건이다.

다윗이 하나님 전의 진설병으로 살았기에 다윗이 진설병을 먹을 때 그의 허리춤에 누가 있었는가를 떠올릴 수 있어야 한다. 왜냐면 오래전에 아브라함이 멜기세덱에게 십일조를 올릴 때 그의 허리춤에 레위가 있었다는 사실을, 사도바울이 히브리서 7장 10-14에서 자세히 설명하기 때문이다. (『단테의 신곡 읽기 4』에서 '예수와 멜기세덱 3' 참조요)

사무엘상의 이런 기사를 그리스도께서 인용하셨기에 사도바울이 히브리서에다 이를 인용한다고 볼 수 있다. 고로 다음의 생각도 할 수 있다.

그리스도께서 다윗을 위한 해명을 하시며 당신 존재를 알리는 말씀이다. 그 이유는 그리스도께서 다윗이 율법을 범한 사실의 옹호가, 그리스도께서 율법으로 인해 십자가를 지실 존재임을 암시하는 사실이다.

그리스도께서 다윗이 율법을 범하면서 놉의 제사장보다 실은 우위였음을 예수 당시 종교 지도자들에게 깨우쳐주신다. 이는 다윗이 그리스도의 조상이 되게끔 하나님께서 함께하셨다는 예수의 증언이다. 동시에 예수께서 예루살렘 성전보다 다윗보다 거룩한 존재임을 증언하신다.

놉의 제사장보다 다윗의 존재를 높이신 하나님께서 인자인 예수를 다윗의 진설병처럼 쓰신다는 선언이다. 당신의 세상 존재를, 생명의 말씀으로 인류의 영원한 생명을 위해 쓰신다는 그리스도

의 선언이다. 피의 희생을 매년 올리는 제사장 직위도 없어진다는
선언이다.

본론으로 돌아간다. 다윗이 제사장 아히멜렉에게 진설병을 받
아든 다음에 무기가 될 것을 찾는다. 제사장이 보관 중이던, 다윗
이 골리앗을 베고 맡겼던 골리앗의 칼을 내어주자 떠난다. 그런데
거기에 사울의 가축을 지키던 목자들 무리의 우두머리인 에돔 사
람 도엑Doeg이 있었다.

다윗이 놉에서 갯Gath(놉에서 서남쪽 10마일 지점)의 왕 아기스에게
갔는데, 그의 부하들이 다윗을 알아보고 왕에게 고하는 바람에
급한 나머지 다윗이 미친 사람 흉내를 내서, 그들에게 벗어나는 기
지를 발휘한다. (삼상21:7-15)

사무엘상 22장 내용

다윗이 아둘람Adullam(갯Gath에서 서남쪽 약 10마일 지점) 동굴까지
갔을 때 형제들과 가족들이 다 모여 합류한다. 다윗에게 형편이 힘
든 자들이 400명이나 모여서 그가 그들의 대장이 된다. 다윗이 모
압Moab의 미즈파Mizpah(사해의 동남쪽 지역)로 가서 모압 왕에게 부
모들과 머물게 요청해 머문다. (삼상22:1-4)

예언자 갓Gad이 다윗에게 유다로 들어가라 권해서 멀리 하렛
Hareth 숲까지 다윗 일행이 돌아서간다. 아둘람 가까운 지역이
다. 사울이 다윗의 근황과 향방을 부하들에게 탐문해서 에돔 사

람 도엑이 놉에서 제사장에게 진설병과 골리앗의 칼을 가져갔다고 보고한다. (삼상22:5-10)

이에 제사장 아히멜렉이 사울 앞에 불려와 그럴 수밖에 없던 당위성을 정당하게 사울에게 설명하나, 왕이 듣지 않고 제사장 일가 85명의 남자와 여자들, 어린이와 가축까지 죽인다, 그 에돔인 도엑의 손으로.

다윗은 이런 경위에서 빠져나온 아히멜렉의 아들 중 하나인, 아비아달Abiathar에게 전해 듣고 그에게 말한다.

'그 자신(다윗)이 그들의 집안에 이런 일을 가져오게 했으니, 그와 함께 있으면 안전하리라.' (삼상22:11-23)

사무엘상 23장 내용

블레셋이 케일라Keilah를 공격하여 타작마당을 강탈한 소식에 **다윗이 하나님께 의논하니 '가서 그들을 치고 그곳을 해방시켜라.'** 하신다. 그러나 부하들이 반대하자 **이를 다시 하나님께 의논하니 이르시길 '즉시 내려가라, 내가 블레셋을 네 손에 넘기리라.'** 말씀대로 부하들과 가서 싸워 크게 이겨서 가축들을 되찾고 주민들도 구한다. (삼상23:1-6)

이를 들은 사울이 다윗을 잡을 수 있다고 기뻐하며 그리 향한다. 다윗이 제사장 아비아달에게 제의ephod를 가져오게 해서 기도를 하나님께 올려 다음과 같은 말씀을 나눈다. (삼상23:7-9절)

'이스라엘의 하나님, 당신의 종인 나를 사울이 잡으러 와서 이 도

시를 멸한다 합니다. 이 도시 사람들이 나를 그에게 넘깁니까? 사울
이 옵니까? 당신의 종인 나에게 말씀해 주십시오.' '그가 올 것이다.'
'케일라 시민들이 나와 부하들을 사울에게 넘깁니까?'
'그럴 것이다.' (삼상23:10-14절)

그 즉시 다윗이 부하들 600명을 데리고 떠나서 각지를 떠돈다.
다윗의 도주에 사울이 추격을 중지하고 매일 수소문한다. 다윗이
짚Ziph광야의 제시몬Jeshmon 남쪽, 하칠라Hachilah언덕, 고
원 요새 호레스Horesh에 숨는다.

거기로 요나단이 찾아와 다윗에게 새로운 용기를 준다. 다윗이
이스라엘 왕이 되고 자신이 그다음이며 부친도 이를 안다고. 그의
손에 닿지 않을 테니 겁내지 말라며, 하나님 앞에 굳은 약조로서
헤어진다. (삼상23:15-18)

사울에게 짚의 주민들이 다윗이 숨은 장소를 알려준다. 다윗과
부하들이 제시몬 남쪽, 아라바Arabah의 마온Maon 요새에 숨
자, 사울이 유다 족속을 다 뒤져서라도 찾는다며 나선다. 이를 들
은 다윗이 고원에서 내려와 바위틈 속에 피신하자 사울이 와서 한
쪽은 도망, 한쪽은 추적, 곧 다윗이 사로잡힐 위기에 처한다. 바
로 이때 사울에게 급전이 오니 블레셋이 침공한다기에 사울이 거
길 떠난다.

위기를 겨우 벗어난 다윗이 엔게디En-gedi 요새(사해 서쪽 연안 중간
위치)에 머문다. (삼상23:19-29)

사무엘상 24장 내용

블레셋 침공을 막고 돌아온 사울이 3천 명의 군사로 다윗과 추종자들을 다시 수색한다. 염소산the Rocks of the Mountain Goats 산악 지역에 출동해 깊은 동굴 속 다윗과 부하들이 숨은 데로 사울이 혼자 들어온다. 다윗 부하들이 그를 죽이자 하나 엄금하고 다윗이 몰래 접근해 사울의 외투 한 자락을 베어낸다.

이를 다윗이 곧 후회(삼상24:1-7)해서 사울이 동굴을 떠나 길로 나서자, 다윗이 뒤따라와서 큰 소리로 왕을 부른다. 왕이 돌아보자 복종의 뜻으로 다윗이 포복해서 다음 요지를 말한다.

'**어째서 왕께서는 다윗이 왕을 해하려 한다는 사람들 말만 들으십니까?**' 그가 잘라낸 왕의 옷자락을 보이며 자신의 마음을 증명하고자 다음의 말도 건넨다.

'**하나님께서 우리 사이를 판단해 주시기를!**'

'**그분께서 나를 위해 당신에게 보복하실지라도, 내 손이 당신을 해치지는 않을 겁니다. 속담에 "한 가지 잘못은 또 다른 잘못을 부른다." 하니 내 손이 당신을 해치진 않을 겁니다.**'

'**이스라엘의 왕이 대체 누구에게 대항을 하러 나왔습니까?**'

'**당신이 무엇을 뒤쫓으십니까? 죽은 개 한 마립니까? 한 마리 벼룩입니까?**'

'**하나님께서 우리 사이를 결정해 주시고 나의 처지를 고려해 주시기를.**'

'**그분께서 나를 위해 청원하시고 방면해주시기를.**' (삼상24:8-15)

사울은 이런 다윗의 바른 말에 감복해서 자신이 잘못했다고 후회하며 다윗이 확실히 왕이 되리라며, 이스라엘 앞날을 축복하고 자신의 후손들 안위를 부탁하는 서약을 맺고 돌아간다. (삼상 24:16-22절)

사무엘상 25장 내용

사무엘이 죽어 온 이스라엘이 모여 애도하며 라마에 있는 그의 집에서 장례를 지낸다. 이후에 다윗이 파란Paran 광야로 내려간다. (삼상25:1)

갈멜 마온에 재산이 많고 미련한 갈렙 족인 나발이 사는데 양털 깎는 날이라 그가 왔다기에 다윗이 젊은이들을 보내, 인사를 전하며 양식을 청한다.

나발이 '다윗이 누구냐? 이새의 이 아들이 누구냐? 요즘 주인들에게서 도망치는 종들이 많다. 내가 음식, 포도주, 고기를 내 양털을 깎는 자들을 위해 준비했지, 어디서 무슨 출신인지도 모를 자들에게 주겠냐?' 소년들을 빈손으로 보내자 노한 다윗이 무장하고 나발을 치러 나선다. 남편의 무례를 전해들은 부인 아비가일이 급히 집안 양식을 모아서 다윗 일행을 막으러 나선다. 그녀가 다윗과 만나 엎드려 간청해서 다윗의 살상을 막는다. (삼상25:2-35)

그녀가 다음의 말로 다윗을 멈추게 한다.

'내가 비난 받게 해 주십시오, 주인님. 당신의 미천한 종이 말하게 허락하시고 들어주십시오. 어찌하여 이 비참한 이를 주목합니까? 그는 정말 그 이름 나발처럼 둔합니다. "심술쟁이"란 이름처럼 행동이 짓궂습니다. 나는 당신이 보낸 사람들을 못 보았습니다. 지금, 주인님, 하나님께서 당신을 멈추게 하십니다, 당신 자신이 증오의 피에 편드는 이런 시작을.

하나님께서 살아 계신 한, 당신 생명이 그분께 있고 당신 적들과 당신을 찾기 원하는 모든 자들이 나발처럼 망할 겁니다. 미천한 당신 종이 가져온 선물이 있습니다. 이를 당신 휘하의 젊은이들에게 주십시오. (삼상25:24-27)

-중간 생략-

하나님께서 그분의 약속을 모두 선하게 당신에게 하시어, 당신을 이스라엘 통치자로 하셨을 때 거기엔 당신이 고귀한 피를 흘린다거나, 자신을 편들기 위해 머뭇거리게 하여, 당신 용기가 흔들릴 이유가 조금도 없어야 할 겁니다.' (삼상25:30-31)

다윗이 그녀 요청을 받아들여, 그녀를 보낸 하나님께 감사하며 자신의 살상을 막아주어 고맙다, 한 후에 물건을 받고 돌아간다. 아비가일이 취한 남편이 깨어난 아침에 이를 말하자, 갑자기 막대 같이 굳어져 열흘 후에 사망한다. 이를 들은 다윗이 그녀를 아내로 맞이하고 다른 여자와도 결혼한다.

사울이 다윗 아내 미갈을 다른 남자에게 준다. (삼상25:3 2-44)

사무엘상 26장 내용

기베아Gibeah에서 사울이 짚 족속Ziphites 사람들에게 듣는다. 다윗이 제시몬Jeshmon을 바라보는 하칠라Hachila 산언덕에 숨었다고. 사울이 즉시 군사 3천 명과 출동해 하칠라 언덕의 길가에 주둔한다. 다윗이 이를 듣고 그리 가서 사울을 중심으로 둘러싼 둥근 진을 목격하고 그 밤에 다윗이 한 명의 지원자(제루이야Jeruiah의 아들 아비새Abishai, 요압Joab의 동생)와 사울 막사에 잠입해 사울을 죽이지 않고 그의 머리맡에 꽂힌 창과 물병만 들고 나온다. (삼상26:1-12)

다윗이 거길 가로질러 널찍한 거리를 유지한 다른 언덕 위로 간다. 그가 큰 소리로 사울의 장수 아브넬Abner에게 말한다. 밤새 왕을 잘 지켰냐며, 왕의 창과 물병이 있나 살피라고 한다. 사울이 다윗 목소리에 다윗이 자신을 죽이지 않은 사실에 뉘우치며 다신 그러지 않는다며 다음 인사말로 작별한다.

'너에게 축복을, 내 아들 다윗아! 너는 위대한 일들을 할 터이며 승리자가 될 거다.' (삼상26:13-25)

생각할 점

삼상 21장에선 그리스도께서 인용하신 다윗의 기사로서 사무엘서의 내용들 모두를 되새겨 보게 이끈다.

선민들이 요청하여 하나님께서 세워주신 사울 왕이 지독히 변해서 서서히 망해가는 내용이다. 사울이 사무엘에게 기름부음을 받은 날부터 영의 감동을 많이 받았음에도 그는 왕이 되자 기고만장해진다. 왕권을 강화한다는 욕심에, 주변 인물 의심, 경쟁, 시기, 불안에 그가 침전해 간다.

선민들 왕이 하나님 믿음에서 멀어진다.

하나님께서 사무엘을 통해 보내신 믿음의 사람인 어린 다윗과 만나자 그가 더욱 심히 깨어지기 시작한다.

이는 하나님 믿음의 철저한 준비 없는 사람이 국가의 최고위직에 오르면 얼마나 사악해지는가를 보여주는 본보기다. 인간 본질의 죄의 나열처럼 열등감으로 인한 증오, 자만심을 보여준다. 지도자의 목표가 마치 그 자신보다 월등한 타인을 향한 시기심인양 악한 길로만 간다.

이런 내용들이 처음이 아님은 창세기에 시작한다. (『단테의 신곡 읽기 4』, 히브리서 11장 믿음의 장' 103-163쪽. 참조요)

사무엘상서는 사울과 다윗의 개인 정황사가 자세하다.

당시 선민들과 이웃인 이방 족속들과 얽힌 사회 상황과도 대조된다. 다윗이 쫓기며 당면하는 여러 위기 대처 능력과 순발력과 기지의 정도에서 그러하다.

다윗은 내부의 적과 외부의 적과 동시에 현명하게 싸워야만 했다.

다윗의 인성과 성품의 참됨이 하나님 앞에 얼마나 옳고 바른가를 삼상21-26장에서 잘 보여준다.

구약역사 8 사무엘상 27-31장

사무엘상서의 마지막 부분은 사울 왕의 마지막 행적이다.

사울은 선민들 왕으로 사무엘을 통해 하나님께 기름부음 받은, 하나님 택함을 받았음에도 온몸과 힘과 영을 다해 하나님을 섬기지 아니했다. 사울은 왕이니 그 자신 맘대로 선민들 위에 군림한다는 오만이 가득했다. 그의 자식들에게 왕권을 내어주려는 욕심뿐이었다.

사울은 선민들 지도자로서 왕권의 올바른 행사에는 무지했다. 그는 선민을 대표해서 그들을 거룩하게 통치해야 한다는 권리 의무와 책임에 무능했다. 국사를 유일신 하나님을 대신하는 사제인 선지자에게 문의하거나, 그 자신이 하나님께 의지하는 신앙에 무지했다. 그는 하나님을 섬기는 선민들의 왕이라는 근본을 무시했다. 그는 인간 본성만 따르고 죽음조차 하나님을 배신한 왕이다.

사울 왕 기록들이 하나님께 무지한 통치자가 국가 최고 지도자가 되면, 일어날 악한 일들의 본보기 같다. 사울의 특별함은 하나님 기름 부음을 받고 나서 사무엘의 예언대로 하나님 영을 부여받은 경험의 소유자란 점이다. 사울이 소위 신들린 사람들에 속한다는 사실들에 주시해야 한다. (삼상10:1-10, 11:6-9, 19:18-24)

왜냐면 사울에겐 악령도 때로 들어왔다는 기록들이 특별해서다. (삼상18:7-16, 17, 25, 28-29, 19:8-10)

기독자들은 그리스도를 통해 하나님께서 보내주신 성령의 감화로 하나님 영을 입고 산다고 자부한다.

사울 왕도 하나님 영을 받았다. 그럼에도 평생 고얀 일을 다윗에게 행했다. 사울에게 수시로 작용한 악령을 하나님께서 보내셨다는 기록이라 생각하게 한다.

사울 왕이 이를 물리칠 하나님의 영의 힘이 있었음에도 그 악령의 유혹에서 그가 끝내 벗어나지 못했다고 삼상 27-31장이 세세히 전하기에 그러하다.

삼상 27-31장에는 악령의 유혹에서 우리가 지닌 성령의 힘으로 가려내고 물리치며 살 수 있다는 기록임을 본다.

사울의 다윗을 향한 무자비로 점철된 행위는 시기심이다. 그건 그가 시험에 들어서 계속 죽이려 했던 악의 유혹에 빠진 행위다.

이는 제사장들과 율법사들이 구세주로 오신 예수를 십자가로 몰아가는 근저에 닿기에 중대하다.

그래서 단테가 기독자들의 오만방자한 죄와 시기심의 죄를 '**연옥**'의 가장 무거운 죄들 종목에 속하는 정화의 산 아래쪽에 두고 끔찍한 벌을 받는다고 묘사한다.

속사람만 항상 살피시는 하나님께서, 우리를 어떻게 보고 계실까를, 자나 깨나 생각하며 살아야 한다. 일상에서 선한 지혜로 만사를 살필 능력과 분별력으로 살아야 한다.

'좁은 길로 가라'는 그리스도 말씀대로 사는 길이다.

사무엘상 27장 내용

다윗은 자신 생명만 노리는 사울의 끝없는 추적을 피하려고, 이스라엘 영토를 떠날 결심을 한다. 블레셋 사람들 영토로 피하면, 사울이 단념하리라 생각한다. 다윗은 두 아내와 600명의 수하를 거느리고 갯Gath의 마옥 왕의 아들 아키스Achish에게 와서 정착할 장소를 의뢰한다.

아키스 왕은 막강한 이스라엘 장수 다윗이 그의 부하들과 자신의 수하에 투항한 줄 알고 환대한다. 다윗의 청대로 한 마을인 지클락Ziklag에 정착해 살도록 땅을 정해준다.

다윗이 거기에 1년 4개월 거주해 이스라엘 땅에 속한다.

다윗과 부하들이 게슈리트Geshurites, 기즈리트Gizrites, 아말렉Amalekites 사람들을 침공해 약탈해서 그 소문이 아키스에게 들어가지 않게 하고자 거기 사람들을 몰살한다. 그 후에 가축, 당나귀, 낙타와 의류를 가져온다.

이는 식량까지 다윗이 아키스 왕에게 부탁할 수 없어서다.

동시에 다윗이 비록 선민들의 영토를 떠나 살지만 동포인 선민들에게 피해 없는 이방에 살면서 선민들을 위해야만 하고 이를 아키스 왕에겐 숨겨야만 해서다.

다윗과 부하들이 몰살한 족속들이 텔라임Telaim부터 슐Shur과 애급으로 가는 모든 길에 거주하는 주민들이었다. 이들은 선민들이 오가는 길목에서 살며 끝없이 선민을 괴롭히던 이방 족속들인데 조용히 뒤끝 없이 말끔히 소문 안 내고 다윗이 수하들과 처치하며 먹고 살았다.

이러한 사실을 알 리 없는 아키스 왕이 다윗에게 어느 곳을 침공했냐고 질문한다. 다윗은 네겝의 이스라엘 족속을 침략했다고 거짓말한다. 아키스 왕의 신임을 얻어야만 필요한 기간을 머물 수 있어서다. 다윗의 거짓말들을 아키스 왕은 신임한다. 다윗과 다윗 부하들을 그 자신이 평생 부릴 수 있다고 그가 착각을 해서다.

사무엘상 28장 내용

그때 블레셋이 이스라엘 침공을 위하여 소집한다. 아키스 왕이 다윗에게 자신의 호위병으로 동행하기를 권하자 다윗이 흔쾌히 응한다.

블레셋이 슈넴Shunem에 진을 진다.

이들과 맞서는 사울 왕이 이스라엘 군을 소집해 길보아Gilboa에 진을 친다.

사울이 블레셋 군의 군사력을 보자 두려움에 사로잡힌다.

그가 하나님께 문의하나 답이 없으시다. 하나님께서 그의 꿈에도, 우림Urim(U-rim and Thum-mim, 우림과 툼밈은 재판 때 유다 사제가 가슴에

차던 물건. 출28:30)에도, 예언자들에게도 답이 없으시다. (삼상28:5-6)

이에 사울 왕이 사무엘이 죽은 후에 신전에서 신탁을 하던 자들을 다 쫓아내 버렸기 때문임을 깨닫는다. 다급히 수소문해서 찾아낸 여자 무당 하나를 사울 왕이 찾아간다. 그가 왕의 옷을 벗고 다른 옷으로 가장하여 부하 두 명과 오밤중에 찾아간다. 사울이 그녀에게 사무엘을 불러내게 시키자, 그녀가 왕임을 알아보고 겁을 낸다. 사울이 그녀를 죽이지 않는다고 안심시킨다. (삼상28:7-11)

그녀가 불러낸, 죽은 사무엘에게서 사울이 여러 가지 좋지 않은 이야기를 듣는다. 사무엘이 생전에 사울에게 이른 말들이기도 하다. 그중엔 사울이 다음 날 그의 아들들과 죽을 거라는 무서운 말까지 들어 있다. (삼상28:11-20).

이런 말들에 사울이 기진하자, 그런 말을 같이 들은 그 여자 무당이 사울을 진정시키고자 급히 음식을 마련한다. 그녀와 부하들이 적극 권해 사울 왕이 식사하고 떠난다.

사무엘상 29-30장 내용

블레셋 군이 아펙Apheck에 진을 치고 이스라엘 군이 지즈렐 Jezreel의 샘 곁에 진을 친다. 블레셋 군이 싸우러 갈 때 다른 장수들과 아키스 왕도 다윗의 부하들과 같이 간다. 이에 다윗을 발견한 블레셋 장수들이 아키스 왕에게 극력 반대한다. 예전에 싸울 때 '사울이 죽인 자는 천, 천이요, 다윗이 죽인 자는 만, 만이요.' 하던 적의 장수가 바로 그 다윗이라고 아키스 왕에게 크게 반발한다.

아키스 왕이 그들에게 반대하며 다윗과 일 년 이상 같이 살았지만 아무런 잘못과 문제가 없었다고 옹호하지만, 그들이 고집을 굽히지 아니한다. 할 수 없이 아키스가 다윗을 불러, 다음 날 새벽 거길 떠나, 다윗의 장소로 돌아가라고 하면서 다음 말을 한다.

'하나님께서 살아계신 것처럼, 너는 올바른 사람이고 나의 출정에서 너의 수행은 나를 아주 만족하게 했다. 네가 나에게 와서 함께한 이후로 아무런 잘못도 네게서 내가 본 일이 없다고 말했으나, 방백들이 너를 받아들일 수 없다고 한다. 그러니 지금 평화롭게 집으로 돌아가면, 네가 아무것도 하지 않을 것이니, 그것으로 그들이 잘못했다고 간주할 것이다.' (삼상29:6-7)

다윗이 다음 날 새벽 그가 있던 블레셋 땅으로 돌아간다. 삼 일째에 지클락에 도착한다. 가보니까 아말렉 족속이 침략하여 불태우고 아내들과 아들들, 딸들을 포로로 끌고 간 뒤였다. 다윗의 두 아내도 끌려갔다.

다윗과 부하들이 소리 높여 지칠 때까지 운다. 부하들의 비통과 분노가 넘치더니 다윗에게 돌을 던져 그를 죽이자는 위협까지 한다. 이에 다윗이 하나님 안에서 힘을 찾고자 제사장 아히멜렉의 아들 아비아달에게 제사장 예복을 가져오게 하여 하나님께 의뢰한다.

'내가 이런 침략자들을 추적할 수 있습니까? 내가 그들을 압도할 수

있습니까?' 답이 왔으니, '그들을 추적해라, 너는 그들을 무찔러 모두 다 구할 수 있다.' (삼상29:30:8)

이에 다윗과 600명의 부하가 출발하여 브솔Besol 개울에 이른다. 200명의 군사가 너무 지쳐서 거기에 남아 있게 한다. 다윗이 400명으로 계속 추적한다. 그들이 들판에서 만난 몹시 굶주린 애급 소년 하나에게 먹을 것을 주고 질문한다. 그 소년은 아말렉 족속 주인에게 사흘 전에 버림받은 병든 노예였다. 소년이 말하길, 그의 주인이 네겝의 세 지역인 케레티트kerethites의 네겝, 유다의 네겝, 칼렙Caleb의 네겝을 침공하고 지클락을 불태웠다 한다.

다윗이 소년을 죽이지 않는다는 조건으로 안내자로 택하여 침략자들의 장소로 찾아가 보니 엄청난 노략질에 취한 그들이 먹고 마시고 축하에 한창이다. 그들이 블레셋 지역과 유다 영토에서 빼앗은 것들을 모두 가져가서다. 다윗과 부하들이 새벽부터 황혼 그리고 다음 날까지 그들을 공격해 겨우 낙타 탄 젊은이 400명만 달아났다.

다윗이 아말렉 족에 빼앗긴 모든 포로들을 하나도 잃지 않고 모두 구한다. 부하들이 그곳의 모든 가축 무리를 다윗 앞에 몰고 와서 말하길 '이것이 다윗의 전리품입니다.' (삼상30:20)

다윗이 이들과 같이 집으로 돌아가다 브솔 시내에 지쳐 남아 있던 200명에게 이른다. 그들이 마중 나와 인사한다. 다윗과 함께 싸운 자들 중의 몇 불량배가 그들에겐 전리품을 나누어주지 말고, 그들 가족만 데려가게 하자고 말한다. 이에 다윗이 다음의 말을 그들 모두의 앞에서 한다.

'너희들이 그리해서는 아니 되는 것은 하나님께서 우리에게 해주신 일이기 때문이니, 그분께서 어떻게 우리를 안전히 지키시고, 우리 손 안에 어떻게 그 약탈한 부분을 주셨는가를 깊이 생각해 보아라. 너희 제안을 누가 동의할 수 있겠냐? 보관한 물품과 같이 머물던 자들이나 전투에 참가한 자들이나 똑같은 몫을 가져야 한다. 모두의 몫이니 똑같이 나누어야만 한다.' (삼상30:23-24)

이때 세운 이 관습이 지금까지 이스라엘에 전해 내려온다. 지클락에 다윗이 돌아와 유다 땅에 사는 장로들과 그의 친구들에게 몇 가지 전리품과 다음의 전갈을 보낸다.

'이것은 하나님의 적들에게 취한 전리품 중 당신들에게 보내는 선물입니다.' 다윗은 그와 그의 부하들이 돌아다닌 여러 장소 사람들에게도 선물을 보냈다. 베델Bethel, 라모스 네겝Ramoth Negev, 얏딜 Jattir, 아로엘Aroer, 시프못Siphmoth, 에스드모아Eshtemoa, 라챌Rachal, 여라므엘Jerahmeelites, 겐Kenites, 홀마Hormah, 보라샨Borashan, 아탁Athak, 헤브론Hebron에 사는 사람들에게도. (삼상30:26-31)

사무엘상 31장 내용
블레셋이 이스라엘보다 우세해 길보아산까지 가까이 추격해 사울의 세 아들들을 죽인다. 전투가 사울에 불리해져 적의 궁수들 시야에 사울이 들어와 활에 맞아 깊은 상처를 입는다.

그러자 사울이 그의 갑옷 시종에게 '네 칼로 나를 꿰뚫어서 할례를 받지 아니한 짐승들에게 모욕을 받지 않게 하라' 요청한다. 그러나 감히 이를 행할 수 없어 거절한다. 이에 사울이 자신의 칼 위로 엎어진다. 이를 지켜보던 그의 병사들이 그처럼 모두 따라 죽는다.

그 골짜기에 이웃한 이스라엘과 요단에서 모든 이스라엘 사람들이 사울과 아들들이 죽은 것을 보자 자신들 마을을 포기하고 모두 도망쳤다.

블레셋이 들어와 그곳을 점령했다. 다음 날 블레셋 사람들이 죽은 자들을 벗기러 와서 사울 일가가 길보아산에 죽은 것을 보자, 사울 왕의 머릴 자르고 갑옷과 옷을 벗긴 후에 그들의 땅 사방에 그 소식을 보낸다. 사울 왕 갑옷은 가져가 그들 신전인 아스다롯Ashtoreth에 두고, 시신은 벧산Beth-shant 성벽에 못 박았다.

이 소식을 들은 야베스 길렛Jabesh-gilead 주민들이 분발해서 그들 중 몇몇 병사들이 밤새 거기로 달려가 사울 왕과 아들들 시신을 찾아온다. 그들이 시신들을 야베스로 모셔와 태운 후에 그 뼈들을 추려 그곳의 타마리스크Tamarisk(위성류-낙엽 활엽의 작은 교목, 정류-능수버들)나무 아래 묻어 장사 지내고 7일간 금식한다.

생각할 점

사무엘상서가 사울 왕가 비극으로 마친다.

삼상은 31장인데 다윗은 삼상 16장부터 나오니 절반의 기사가 그에 관한 내용이다.

이는 다윗이 하나님께서 살피신 하나님의 사람이란 뜻이다. 다윗은 사울 왕에 쫓기는 그런 무수한 세월의 고난 속에서도 용맹한 결기가 있었음을 보여준다. 그가 만사를 하나님께 의뢰하고 의지해서 지혜로운 처신을 했다. 그가 선한 믿음의 중심을 갖고 처신했다.

다윗이 사울에게 쫓기다 못해 아예 조국을 벗어나 망명을 택한 사실이 그러하다. 다윗은 하나님께 사울 왕에게서 피하게 해달라고 도움을 청하는 기도를 하지 않았다.

다윗 자신이 기름 부음을 받았기에 자신보다 앞서서 하나님의 기름 부음을 받은 사울 왕을 죽일 기회가 몇 번이나 있었지만 이를 삼간다.

극한의 자제력과 분별심이 다윗에겐 있었다.

다윗이 사울의 추적을 피하려고 이방인 갯의 땅 아키스 왕에게 600명의 수하들과 가지 않았다면 사울 일가가 그리 비참하게 모두 죽지 않았으리라.

어쨌든 이는 다윗에겐 또 다른 위기의 봉착이었다. 자칫 사울 왕과 자신 동포들과 맞서는 동족상잔 위기에 처할 뻔해서다. 다행히 아키스의 다른 지역 방백들이 다윗과 같이 가지 않겠다, 극구 반대해서 그 위기는 모면했다.

다윗이 지클락에 돌아가자 그새 아말렉 족속이 침공해서 그간의 망명 근거지가 박살났다. 이에 다윗의 부하들이 심히 반발해서 그를 죽이려 한다.

이에 다윗이 제사장 의복을 가져오게 하여 하나님께 의뢰 기도를 올린다. 이에 하나님께서 대승리를 다윗이 거두게 해주시어 그가 유다 땅에 돌아갈 구실과 명분을 마련해 주신다. 그가 하나님께 택함을 받은 왕답게 그분께서 도우신다.

선민들의 왕의 역사 초기부터 현명하고 용감하고 지혜로운 다윗에게 하나님 손길이 함께하셨음을 사무엘이 인류에게 알린다. 국가 최고 지도자가 지닐 덕목에서 사울과 같은 인간과 다윗과 같은 인간의 차이점을 알린다.

아말렉 족은 고대부터 이스라엘과 척을 지고 괴롭힌 족속이다. 동시에 사울 왕과도 관련이 크다. (삼상 15, 16장 참조요)

선민들의 원수인 아말렉 족속을 사울 대신에 다윗이 하나님 도움으로 단 400명의 부하로 이들을 다 몰살했다.

다윗이 유다로 돌아갈 수 있는 명분을 하나님께서 주신 대사건이다.

선민들 초기 역사인 모세가 이끈 선민들이 애급에서 넘어왔으나 광야에서 40년을 헤매다 모두 죽었다. 그리고 여호수아가 광야에서 태어난 선민들만 가나안 땅에 들어왔다. 약속의 땅 가나안에 와선 그 땅에 살던 원주민 이방 족속에게 침공 위협을, 신앙의 힘으로만 살게끔 해주셨다.

첫 번 왕인 사울이 이런 하나님과 조상들 역사와 하나님 믿음에 무지했다.

그가 사무엘의 하나님 말씀 전갈에 외경심이 없었다.

사울 왕 자신과 아들 요나단이 뛰어난 장수지만 그들보다 뛰어난 신앙심 깊은 젊고 어린 다윗을 온전히 이해하지 못했다.

어려도 막강 용기와 지혜를 겸비한 다윗과 그들이 합쳤더라면 얼마나 좋았으랴.

사울 왕이 선한 요나단의 진심어린 간청에 귀 기울였다면 얼마나 좋았으랴.

그들이 사이좋게 지내며 왕위를 서로 양보하며 선민들을 다스렸다면 얼마나 좋았으랴 사무엘상 31장에서 주요 내용 하나를 되짚는다.

삼상31:1-6에서 사울이 블레셋 전투에 패해 중상을 입자 자신의 목숨을 끊고자 자살을 시도한 사건이다.

사울의 불신이 부른 하나님 신앙의 파국의 본질이 너무도 일찌감치 성서에 나오기에 놀랍다.

그로 인해서 그를 끝까지 호위하던 남은 병사들 모두가 그렇게 자신의 칼 위에 엎어져 죽어갔다니 어이없다.

곁의 부하들 모두가 자살하게 만들다니.

생명을 주시고 자신을 왕으로 세우신 하나님께 마지막에라도 참회할 마음이 사울에겐 어찌 그리도 없었는가.

그에겐 죽으면 끝이라는 허망 외엔 그 무엇도 없었다.

신의 존재를 조금도 알려 하지 않았다.

죽음 그 너머 세상에 관해 무지했다.

하나님 선지자 사무엘을 그저 신통한 많은 점쟁이들 중의 하나로만 여겼다. 사무엘이 죽었음에도 그를 불러내라고 여자 무당을 찾아갈 정도니. 그리고 그런 여자 무당에게 죽은 사무엘로부터 자신의 말로를 듣자 기진했을 뿐이다. 그 즉시 사무엘과 하나님께 잘못을 회개할 줄도 몰랐다.

그렇지만 선민들은 달랐다. 자신들의 왕인 사울이 패해서 죽은 후, 그들의 적들이 사울 왕 시신에 모독을 가한 소식을 듣자 야베스 길렛의 용사들이 몇몇이 죽음을 무릅쓰고 밤새 거기로 달려가, 그 이방 성벽에서 왕의 가족들 시신을 거두어 와서 화장하고 슬퍼하며 타마리스크 나무 아래 장사지낸다. (삼하31:10-13)

이들이 7일간 금식하며 하나님께서 정해주신 사울 왕 일가에 예를 다한다. 용감하고 선한 선민들 소수가 의로운 기록을 남긴다.

단테의 **연옥**이 아니 떠오를 수 없다.

사울 왕 자살에 그 곁의 부하들도 모두 그리 죽었다는 기사가 더욱 슬프다.

단테가 신곡에서 이를 심히 힐난한다.

단테가 성서문학가로 추앙받는 위업이다. (단테 『신곡』, 『연옥』. 고든 니콜스 영역; 진영선 중역. 2022. 메이킹북스 참조요).

단테가 겉보기엔 성공한 기독자로 살면서 뒤로는 남몰래 사악했던 자들이 죽어서 연옥에 간다고 썼다. 이 점이 가장 놀라운 단테의 업적이다.

연옥은 성서에 없어서다.

단테가 **연옥**을 아홉 단계로 이루어진 해가 쨍쨍 비치는 암벽으로 이루어진 산이자 바다 한가운데 솟아난 섬이라고 지어냈다. 그 높은 연옥의 바위산 아래는 바다에 면한 모래사장도 갈대도 있고, 배가 닿는 선착장도 있다.

산이란 멀리서 보면 삼각형이다. 산 아래쪽은 넓적하나 위로 올라갈수록 가파르게 경사지고 좁아진다. 이 연옥 바위산을 아홉 층으로 나누어 온갖 죄로 죽은 기독자들이 벌을 받는다.

단테는 연옥 죄를 아홉 가지로 분류한다. 그 각각의 비탈마다 죄수들이 받는 벌의 종류도 아홉 가지다.

기독자들이 생전에 몰래 저지른 죄의 대가로 벌 받으며, 그들이 받는 벌은 지옥보다 험하고 무섭다.

이 중에서 가장 죄수들의 숫자가 많고 가장 무겁고 죄질이 사악한 죄가 바다와 면한 뜨거운 모래 해안에 있다.

단테는 가장 낮은 모래 해안을 자살자들의 연옥이라 했다.

하나님 말씀인 성서를 단테가 어떻게 명쾌히 해석하는가를 '신곡'에서 쉽고 유쾌하게 알린다.

진정한 기독자들이 진심으로 이를 받아들여 환호하길 바란다. 생명을 스스로 끊는 일이 하나님께 가장 큰 배신이자 불신임을.

'신곡'에는 단테가 신약성서 절반의 저자인 사도바울의 가르침을 큰 바탕으로 한다는 사실도 중시해야 한다.

예를 들면, 성모 숭배, 베드로 숭배에 관해 단테가 이를 비유와 은유로 알린다. (『단테의 신곡 읽기 1-4권 참조 요망』)

구약성서에서 사울 왕의 자살이 하나님 불신임을 단테가 간파했다.

신약성서에선 가룟 유다의 자살이 구세주 불신임을 단테가 간파했다.

이렇듯 단테가 인간의 자살은 하나님께 극악 배신임을 간파했다. 단테가 이를 깊이 생각해서 그려 낸다.

'신곡'의 '지옥 13곡, 34곡', '연옥 1, 2곡'에서 알린다.

사울은 어느 날 갑자기 선민들의 왕이 되는 하나님 은혜를 크게 입었지만 하나님께 감사한 기도를 올린다는 겸손한 기사가 없기에 생각할 겨를이 많다.

사무엘상서 마지막 장이 사울의 하나님 배신의 극치로 보이는 내용이라 두렵다.

사무엘하서 소개

사무엘하서는 네 부분으로 나뉜다.
1. 다윗의 내정 정리(삼하1:1-5:16)
2. 다윗의 외교 확장(삼하5:17-10:19)
3. 다윗의 쇠퇴(삼하11:1-20:3)
4. 다윗의 말년(삼하 20:4-24:25) (김교신 '성서개요')

이로써 다윗 일생을 요약하면 다음과 같다.

첫째, 다윗이 국내 정치를 안정시켜 확고한 이스라엘 왕권을 수립한다. (1-5장 전반)

둘째, 다윗의 바른 소신에 하나님 도움으로 외교와 국력을 확장하고 강화한다. (5장 후반-10장)

셋째, 다윗의 왕권 자만과 안일함이 부른 그의 불의에 하나님 분노의 응징을 받는다. (11-20장)

넷째, 다윗의 많은 왕자들의 분란이 지속해 복잡하나 그의 믿음은 확고했다. (20-25장)

사무엘하 1장 내용 요약

사울이 죽은 줄을 모르던 다윗이 아말렉을 쳐서 이긴다. 그가 승리에서 돌아온 삼 일째 다윗에게 한 남자가 이스라엘 장막에서 왔다며 사울의 최후를 알려준다.

그 남자가 사울이 청해서 죽이고 그의 왕관과 팔찌를 가져왔다는 보고에 다윗과 부하들이 기겁하고 즉각 그를 죽인다.

다윗이 그자를 향해 말한다, '**네가 하나님의 기름 부은 자를 죽였다고 말했기에 이가 너의 죄다.**'

다윗과 부하들이 이스라엘 패배 소식에 대성통곡, 종일 금식, 애통한다. 다윗이 그들을 위한 장송곡을 지어 부른다.

생각할 점

김교신의 사무엘서 개요에서 삼하 1장 소개가 다음과 같은 점이 눈에 띈다.

사울 왕 일가 몰사에 관해 김교신은 요나단과 다윗, 두 사람의 아름다운 우정에 큰 중점을 둔다. 이는 김 선생이 일제 강점기 치하에 '**성서조선**' 발간(1927. 7)을 감행한 잡지 창간 발기인들과의 진한 우정을 염두에 둔 듯하다. 그들은 김교신, 송두용, 함석헌 등의 7인이다.

일본 유학에서 맺은 그들 7인의 기독자로서 풋풋한 우정과 민족을 향한 사랑의 결기와 믿음이 가득한 결실인 기독 전도 잡지 '**성서조선**'을 창간하게 한다. 그러나 흐지부지 약화한다. 결국엔 얼마 안 가고 김교신 혼자 책임진다. 고로 인간의 우정을 새삼 생각하게 한다.

어찌하든 다윗은 자신을 사랑하고 아껴준 왕자이자 장수에다 어른이던 요나단을 위해 최선을 다했다. 그의 죽음에 헌시를 바치며 애도했다. 요나단을 사랑해서다.

요나단이 하나님께 적극 기도하였더라면 바람직했으리라. 목숨을 걸고 선민의 앞날을 위해 다윗이 필요하다고 부친에게 꾸준한 직언을 했더라면 좋았으리라.

요나단은 다윗을 사랑했으나 소극적인 햄릿형이다. 그나마 삭막한 시절에 그런 우정 기록을 성서에 남겨 소중하다.

이로써 자고로 친구를 위하여 자기의 목숨을 버리는 일이 그 얼마나 힘들고 대단한 일인가!

말씀하신 구세주(요15:12-17)와 인간의 우정을 비교하고 검토하게 하는 본보기 기사로 보인다.

사무엘하 2장 내용
1. 삼하 2장 전반 (삼하2:1-7) '다윗의 신중함'

다윗은 하나님께 문의하길 '유다Judah의 한 도시로 올라갈까요?' 하나님께서 '가라.' 답하신다.

'어느 도시로 갑니까?' 여쭈니 하나님께서, '헤브론Hebron으로.' 답하신다.

다윗은 두 아내와 그를 따른 자들의 가족들과 지클락을 떠나서 헤브론으로 간다. 거기 가서 그 이웃에 정착한다.

유다의 남자들이 그에게 와서 유다 가문의 왕으로 기름을 붓는다. (삼하2:1-4)

다윗에게 야베스 길렛 사람들이 사울 가문 장례를 치러주었다는 보고를 받자 다윗이 그 사람들에게 전갈을 보낸다.

'하나님께서 너희를 축복해 주시기를, 왜냐면 너희가 군주인 사울과의 신의를 지켜 그를 장사지냈기 때문이다. 이를 위해 하나님께서 너희를 진실한 믿음으로 지켜주시기를, 그리고 내 쪽에서도 너희가 이를 행했기에 은혜를 베풀 것이다. 강하고 용맹해라, 지금 너희 군주 사울이 죽어서 유다 사람들이 나를 그들을 다스릴 왕으로 기름을 부었다.' (삼하2:5-7)

2. 삼하 후반 (2:8-32) '다윗의 이스라엘 통수권 다툼과 해결'

사울의 아들 이스보셋Ishbosheth을 사울의 군사령관 아브넬이 이스라엘 왕으로 옹립한다. 에프라임, 벤저민 족이 같이 했다. 이스보셋은 40세부터 42세까지 있었다.

유다 족속이 다윗을 왕으로 7년 반 섬긴다. (삼하2:8-11)

이로써 이스라엘의 아브넬 군대와 다윗의 요압 군대가 기브온에서 맞선다. 아브넬이 요압에게 젊은 사람들끼리 먼저 싸워보자 제안해 요압이 동의한다. 열두 명씩 선발해 두 명부터 시작해 칼로 적의 옆구릴 찔러 죽음을 맞았다. 기브온의 장소를 '칼날의 들판'이라 부른다. (삼하2:12-16)

극심한 전투가 그날 종일 이어져 아브넬과 그의 군대가 다윗 군대에게 패했다.

다윗 군대에는 제루이야Zeruiah의 세 아들인 요압, 아비새Abishai, 아사헬Asahel이 있다. 아사헬은 들판의 영양처럼 빠

르기에 아브넬을 추적해 한쪽으로 치우치질 않았다. (삼하2:18-19)

이에 아브넬이 뒤돌아보며 그에게 양쪽의 다른 젊은이를 추격해서 그의 벨트를 차지해 승리하라고 말한다. 그러나 젊은 그가 포기 않고 노장인 아브넬을 추적했다.

아브넬이 아사헬에게 **'내가 너를 죽이면 내가 어찌 네 형의 얼굴을 보겠냐?'** (삼하2:20-22)

종용했으나 계속 쫓아와 창으로 배를 찔러 죽인다.

다윗의 군대 모두가 아사헬이 죽은 자리에 서서 움직이질 못한다. (삼하2:23)

그러나 요압과 아비새가 계속 아브넬을 해 질 녘에 기브온의 목장지역까지 추적한다. (삼하2:24)

이에 벤저민 족속이 아브넬과 연맹해 그들 자신이 무리를 이루어 언덕 위에 섰다. 아브넬이 요압을 불러 말하길 '오래도록 이 학살을 계속하려느냐? 쓰디쓴 결과를 볼 수 없냐? 동족을 추적하는 군대를 부르는 데 얼마나 오래 걸리냐?' 요압이 답하길 '하나님께서 살아 계신 것처럼, 네가 말하지 않았다면 그들이 아침까지도 추적을 포기하지 않을 거다.' 그래서 전쟁이 끝났다. (삼하2:25-28)

아브넬과 그의 군대가 밤새 아라바를 따라서 요단을 건너 아침까지 계속 이동해 마하나임에 이르렀다. 요압이 돌아와서 군대를 소집해 발견한 건 아사헬이 죽고, 다윗은 부하들 19명을 잃은 사실이다. 다윗의 군대가 아브넬 추종자 365명을 죽였다. 그들이 아사헬을 데려와 베들레헴에 있는 그의 부친 무덤에 장사했다. 요압

과 그의 부하들이 밤새 행군해 날이 밝자 헤브론에 이르렀다. (삼하2:29-32)

생각할 점

삼하 1장에 이은 2장도 다윗의 정치력을 드러낸다.

사무엘상서 마지막인 31장에는 다윗이 아말렉 전투에서 얻은 많은 노획물들을 유다의 여러 장로들에게 인사의 선물로 보냈다. 이는 다윗이 사울에게 쫓겨 이방 땅에 가서 살지만 이스라엘 선민임을 잊지 말라는 당부일 수 있다.

반드시 돌아간다는 다윗의 당부일 수 있다.

그런데 다윗에게 찾아온 한 이방인 젊은이가 사울과 요나단의 죽음을 전하자, 다윗이 즉각 온 이스라엘을 위해 행동한다. 이는 그간의 경험에서 생긴 그의 지도자로서의 역량과 하나님 기름부음을 받은 통치자다운 처신이다.

다윗이 곧 요나단을 위한 '활의 노래'를 지어서 요나단과 지녔던 깊은 우정을 선민들이 알게끔 일깨운다.

다윗이 사울 왕 일가의 죽음을 진심으로 애도하며 그와 함께했던 모두에게 알린다. 선민들이 잘 아는 다윗과 사울의 긴 분쟁의 날들을 아우르는 신속한 조치들을 내린다. 사울 왕 일가의 시신을 거두어 장사지내준 용맹한 야베스 길렛 사람들에게 진심어린 격려와 축복을 전한다.

이는 사울이 다스린 이스라엘 열 지파 선민들의 마음을 위로하며 다윗이 그들의 지도자임을 알린다.

이런 기사들은 다윗의 정치 감각인 행정력 소통의 능력을 드러낸다. 그가 유다 지파지만 이스라엘 선민들이 속한 모든 지파를 다스릴 하나님 기름부음 받은 적임자라는 사실을 표방하며 이들을 규합하기 때문이다.

삼하 2장 후반부 사건인 아브넬과 요압의 군사들 간의 대치가 사울 통치 아래 생긴 선민들 사이에 생긴 상처다. 장차 일어날 이스라엘과 유다의 분열인 비극의 씨앗처럼 보인다. 마치 그들의 앞날에 생길 일들의 전조 같다.

이는 다윗을 따랐던 사람들과 사울이 다스린 이스라엘 지파들 사이에 생긴 마음의 앙금에서 생긴다.

사울의 군사령관 아브넬이 다윗을 따르지 않고 사울의 아들 이스보셋을 왕으로 세워서다. 선민들과 다윗 사이를 갈라치기 한다. (삼하2:8-10)

그때 아브넬이 즉시 다윗에게 복속을 선언했어야 했다. 숫자상으로 열 지파를 거느린 우세한 이스라엘 사령관인 아브넬이 자만했다.

다윗에게 충성하는 소수의 군사력을 아브넬은 무시했다.

하나님을 의지한 다윗의 군사령관 젊은 요압의 형제들을 따른 힘찬 군사들을 아브넬은 모르고 얕보았다.

어쨌거나 그런 아브넬이지만 요압의 동생 아사헬을 죽이지 않고자 힘썼던 사실을 요압 또한 모른다. 요압은 동생을 죽인 아브넬에게 깊은 앙심을 이때부터 품는다. (삼하2:19-23)

지금 보면 아브넬이 요압과 타협할 주요 시점이 있었다. (2:12-16)
이스라엘의 아브넬이 유다의 젊은 요압과 대치할 때다.
양쪽을 대표해 젊은이들이 싸워보자 제안한 일이다.
이때 아브넬이 노장답게 서슬 퍼런 젊은 요압에게 평화 협상을
제안했어야 바르다.

쓸모없는 목숨 내기 경기의 대표로 나선 젊은 열두 명의 군사들
이 동료들 눈앞에서 서로 싸워 죽게 하다니.

피를 보면 맹수처럼 군사들이 사나워진다는 사실을 몰랐는가.
순간의 적개심에 선민끼리 죽이는 아비규환이 종일 벌어졌다.

동족끼리 싸우면 다 죽는다는 본보기 같은 사건이다.

이들이 어찌하여 모든 일에 가장 먼저 하나님께 문의하자는 기
록이 전혀 없는가!

선민들의 장수들이 아닌가?

아브넬이 믿음 없던 사울의 수하 장수라서 그런가?

요압은 신실한 다윗의 장수였음에도 어찌 그리했는가?

'살인하지 말라'는 하나님 계명을 이스라엘 장수인 아브넬과 유다
의 장수인 요압이 전혀 개의치 않았다. 이방 블레셋과가 아닌 동
족끼리 서로 죽이게 두 장수들이 방조했다. 전혀 선민들의 장수답
지 아니했다.

이런 기사를 되돌아볼 이유는 우리의 70년이 넘는 남북한 대치

현황 때문이다.

지도자의 바른 신앙에서 나오는 믿음에 의한 매 순간의 올바른 정치의 결단과 협상과 타협이 소중하다. 그런 판단을 존중하고 이를 다함께 따르는 일이 얼마나 중대한가.

다윗 같은 지도자가 되려면 가까운 측근들과의 긴밀한 이해와 협조가 믿음의 바탕 없이는 얼마나 위험한 관계인가를 터득하게 한다.

하나님 믿음이 기반인 신뢰에서 통치자도 지배를 받는 자들도 선한 방향을 지향해야 도움을 받는다.

사무엘하 3장 내용 요약

사울의 사망 이후에 사울과 다윗 가문의 싸움이 길어지는 동안에 다윗은 강해지고 사울 가문은 약해진다. 헤브론에서 다윗의 아내들에게 태어난 여섯 명의 아들들이다.

첫째, 지즈릴Jezreel 출신의 아히노암에게 암논Amnon.

둘째, 나발의 과부인 카멜 출신 아비가일에게 킬렙Cileab.

셋째, 게슐Geshur의 탈마이Talmai 왕의 딸 마카Maacah에게 압살롬Absalom.

넷째, 하기스Haggith에게 아도니자Adonijah.

다섯째, 아비탈에게 쉐파티야Shephatiah.

여섯째, 이글라에게 이트림Ithream이 태어난다. (삼하3:1-5)

두 가문 싸움이 지속하는 동안 사울 가문에서 이스라엘 총사령관 아브넬 지위가 강해진다. 그가 사울의 첩 하나를 취하자 실권 없는 왕인 이스보셋이 탓하며 발끈한다.

아브넬이 사울 가문에 충성했으나 하나님께서 서약하신 대로 다윗에게 이를 이루겠노라며 이스보셋에게 반박한다.

아브넬이 그의 사절을 다윗에게 다음 전갈로 보낸다. '누가 땅을 조절할 수 있는가? 우리 협의를 하자, 그럼 너는 이스라엘 전체를 가져오는 나의 지원을 받을 수 있다.' 다윗이 답하길 '좋다, 내가 너하고 협

의하겠다, 다만 당신이 내게 올 때 사울의 딸 미갈을 반드시 데려오는 조건이다.'

다윗이 또한 사울의 아들 이스보셋에게도 다음 전갈을 보내니 '미갈은 내가 지참금으로 블레셋인 포피 백 개를 지불한 내 아내니 내게 넘기라' 요구한다. (삼하3:6-16)

아브넬이 이스라엘 장로들과 협의한다. '얼마 전에 너희가 다윗을 너희의 왕으로 원했다. 지금이 행동할 때니 왜냐면 하나님께서 다윗에 관한 말씀이 있었으니 **"나의 종 다윗의 손으로 나는 내 백성 이스라엘을 블레셋과 모든 그들의 적들로부터 구원할 것이다."** 하셔서다.' 아브넬이 벤저민 사람들과도 의논, 그들 동의를 구해, 모든 이스라엘이 동의한다.

아브넬이 스무 명의 시종들과 같이 다윗에게로 오자 다윗이 그와 시종들을 위한 잔치를 베푼다. 아브넬이 다윗에게 말한다. '내가 지금 가서 모든 이스라엘을 데려와 당신의 주권 아래 넘기겠소. 그들이 당신과 서약할 것이며 당신이 왕이 되어 당신 마음대로 왕국을 다스릴 것이오.'

다윗은 아브넬이 안전히 돌아가도록 보낸다. (삼하3:17-22)

바로 그런 직후 요압과 같이 나갔던 다윗 군사들이 기습에서 돌아오는데 굉장한 양의 약탈품들을 가져왔다. 그러나 아브넬이 돌아가 헤브론에 다윗과 같이 있지 않았다. 요압과 군대가 도착해 들은 것이 아브넬이 왕과 같이 있다 떠났다는 소식이다. 요압이 왕에게 가서 말한다.

'당신이 무슨 일을 했소? 아브넬이 당신과 여기 있었는데 어째 그냥 가게 두었소? 그가 온 목적이 당신을 속이려는 건데 모르다니 당신의 온갖 동정을 살피고자 온 겁니다.'

다윗의 앞을 떠난 요압이 아브넬을 쫓아가게 사람을 보내 그들이 시라Sirah의 연못에서 다시 돌아오게 했으나 다윗은 이를 몰랐다.

아브넬이 헤브론에 오자 요압이 그를 성문 곁에 데려가 동생 아사헬의 복수로 배를 찔러 죽인다. (삼하3:22-27)

다윗이 그 소식을 듣자 말한다, **'하나님의 시야에서 나와 나의 왕국은 영원히 넬의 아들 아브넬의 피에 대해선 결백하다. 이는 앞으로 요압과 그의 모든 가족 머리 위로 되돌아오기를! 요압의 가문은 나쁜 질병이나 염증에서 결코 헤어나지 못하거나 모계의 영향으로 겨우 외아들뿐이거나, 빵에 굶주리거나, 칼에 맞아 죽을 운명이기를!'**

요압과 그의 동생 아비새가 기브온 전투에서 아브넬이 그들 동생 아사헬을 죽였기에 그를 암살했다. (삼하3:28-30)

다윗이 자신과 함께 요압과 그의 모든 군대에게 명령한다. 그들의 옷을 찢고 베옷을 입고 아브넬을 위해 애도하라 하고 왕 자신도 걸어 그 상여 뒤를 따랐다. 헤브론에서 왕이 아브넬의 장사를 지내며 크게 울어서 백성들도 그와 같이 울었다. 다윗은 아브넬을 위한 애도의 시를 짓는다.

아브넬이 그렇게 죽어야만 했는가?
당신의 손은 묶이지도 않았고
당신의 발은 족쇄도 없었는데,
한 범죄자 손에 떨어진 사람처럼 당신이 스러지다니.

백성들이 그를 위해 다시 모두 울었다. 그들이 왕에게 무엇을 먹으라고 권하지만 낮 동안은 금식한다고 그가 맹세한다. '**그렇게 나를 도와주십시오, 하나님! 해가 지기 전엔 어떤 음식도 손대지 않게 사절하도록.**' 백성들이 정말로 이를 기쁘게 인정했다. 넬의 아들 아브넬 살해에 관해 다윗이 조금도 손대지 않았음을 증명해 온 이스라엘이 알게 되었다.

왕이 측근들에게 말한다. '**너희가 알아야만 하는 것은 한 위대한 용사가 이날 이스라엘에서 죽은 거다. 내 비록 부임한 왕이지만 제루이야의 아들들의 이런 방자한 면 앞에선 무력하고 약하다. 그들이 내겐 너무 벅차다. 부디 하나님께서 그 악한 자에게 그 악행에 적합한 복수를 해주시기를.**' (삼하3:31-39)

사무엘하 4장 내용 요약

사울의 아들 이스보셋이 헤브론에서 아브넬이 죽은 소식을 듣자 용기를 잃고 온 이스라엘이 놀란다. 이스보셋에게는 기습 분야 소속 부하로서 형제간인 바나Baanah와 르찹Rechab이 있다. 이들이 벤저민 족으로 알려진 브에롯Beerothites족속이다. 이들

은 기타임Gittaim에 거처를 찾은 후엔 이방인들처럼 살았다. (삼하4:1-3)

(사울의 아들 요나단에게 아들 하나가 있었는데 그의 양발이 절름발이였다. 이즈릴에서 사울과 요나단이 죽을 때 다섯 살이었는데, 보모가 그를 안고 도망하러 서둘다가 떨어트려 그렇다. 그 이름이 메피보셋Mephibosheth이다.)

르찹과 바나가 어느 더운 날 낮잠 자는 이스보셋 방에 몰래 들어서 목을 벤 다음에 이를 밤새 아라바를 통해 헤브론에 와서 다윗에게 바친다.

다윗이 그들에게 답하길 '하나님께서 살아계시어 나의 모든 근심에서 구원해주신다, 사울이 죽었다는 소식이 좋은 소식이라 여겨 내게 가져온 그 남자를 지클락에서 죽였다. 그것이 그런 소식에 보답한 내 방식이다!

내가 뭘 더 어떻게 사악한 자에게 보답을 하랴,

한 선한 남자를 자신의 집 그 침상에서 죽인 자들에게!

내가 지금 너희가 흘린 피에 대해 보복하여 지상에서 너희를 제거해야 하지 않겠느냐?'

다윗이 그들을 죽이라고 젊은이들에게 말하여 그들의 손과 발을 잘라 헤브론 옆의 연못에 던져 넣는다. 그러나 이스보셋의 머리는 헤브론에 있는 아브넬의 무덤에 가져와 장사 지내준다. (삼하4:4-12)

사무엘하 5장 내용

모든 이스라엘 족속이 헤브론에 있는 다윗에게 와서 말하길 '우리는 당신 자신의 혈육입니다. 과거에 사울이 우리를 다스리는 왕일 동안 전투에서 이스라엘 군대를 이끈 것은 당신이었습니다. 하나님께서 당신에게 말씀하길, "너는 내 백성 이스라엘의 목자가 되리라. 네가 그들의 왕자가 되리라."

이스라엘 장로들이 모두 헤브론의 왕에게 와서 다윗과 서약을 하나님 앞에서 맺고 이스라엘을 다스릴 왕으로 다윗에게 기름을 부었다.

다윗이 왕좌에 앉아 40년을 통치했다. 헤브론에서 유다를 7년 반 동안, 예루살렘에서 이스라엘과 유다를 합병하고 33년간 다스렸다. (삼하5:1-5)

다윗 왕과 부하들이 예루살렘에 가서 거주민들인 예부스 Jebusites족을 공격했는데 그들이 다윗에게, '당신이 장님과 절름발이를 없애지 않는 한은 절대 이 안에 들어올 수 없으리라.'는 말로 압력을 가해서다.

이를 상관 않고 다윗이 시온의 요새를 차지해 다윗의 도시로 알려진다. 그날 다윗이 말하길, '예부스 족을 공격하길 열망하는 누구나 다윗의 쓴 적인 장님과 절름발이들이 수구water shaft에 이르게 하라.' [참고] 그것이 소위, '장님과 절름발이는 아무도 하나님의 집에

I [참고]
삼하5:8 내용이 이해할 필요가 있어 다른 성서를 참조한다.

들어갈 수 없다.'는 이유가 되었다.

다윗이 그 요새에 그의 거처를 취해 이를 다윗의 시라 불렀다. 그가 도시를 둘러싸는 건축을 하고자 밀로Millo에서 시작해 안쪽부터 공사를 했다. 다윗이 점점 커가며 강해짐은 만군의 하나님께서 그와 함께 계셔서다. (삼하5:6-10)

다윗의 성취

두로Tyre왕 히람Hiram이 다윗에게 사절들을 보내며, 삼나무 cedar목재, 목수, 석공들을 보내어 다윗의 집을 짓도록 했다. 다윗이 그때 하나님께서 그의 이스라엘 왕권을 백성 이스라엘을 위해 점점 강화해주심을 알았다. 그가 헤브론을 떠난 이후 예루살렘에

'누구나 예부스 족을 치려면 그가 먼저 다윗의 적인 장님과 절름발이를 공격하고 수구로 오르게 하라.' (NASV.)
누구나 예부스 족을 정복한 자는 다윗의 적인 장님과 절름발이가 수구를 이용할 수 있게 오르게 하라.' (NIV. HB.)
'누구나 예부스 족을 치려는 자는 다윗의 혼에게 미움을 받는다는 장님과 절름발이가 수구를 통해 이르게 하라.' (NASB.)
이에서 **수구**라는 말이 깊은 우물에 사용하는 도르래가 생각난다. 예루살렘이 고지대라서 바위 동굴로 만든 수로가 오래전부터 만들어 사용했기에 도르래를 이용해 물을 길어야 했던 듯해서다. 많은 사람들이 사용하게 수문을 막아놓았다가 물 시간이 되면, 하루에 몇 차례 물길을 열어서 물을 긷게 했을 수 있다. 고지대지만 물이 풍부해 많은 사람들이 살기에 위치상 다윗이 거길 탐낸 듯하다. 고지대가 적들의 상황을 훤히 내려다보며 살필 수 있어서다.
특히 물을 길을 수 없는 절름발이, 맹인들이 그 물길에 모여, 길어가는 물을 구걸했던 모양이다. 그들이 귀찮기에 본래 살던 예부스 족이 다윗에게 그런 말로써 감히 조롱을 했던 듯하다.
일어서지 못해 물을 못 긷거나, 그런 물속을 볼 수 없는 장님과 절름발이를 빗대어 조롱하는 그 시건방짐이 악랄하다. 선한 믿음의 다윗이 그런 약자인 장애인을 무시하고 미워했을 리 전혀 없어서다.
(NIV. 성서주해는 예루살렘의 물이 있는 장소 그림 도면이 있다.)

서 많은 처첩을 취해 아들과 딸이 태어난다. 이들이 곧 삼무아, 소밥, 나단, 솔로몬, 입할, 엘리수아, 네벡, 야비아, 엘리사마, 엘랴다, 엘리벨렛이다. (삼하5:11-16)

블레셋이 다윗이 이스라엘을 다스릴 왕으로 기름부음을 받았음을 알자 그와 힘으로 대결하고자 올라온다. 다윗이 이 소문을 듣고 피난을 위해 요새로 내려간다. 블레셋 군대가 와서 르파임 Rephaim 골짜기에 넘쳐났을 때 다윗이 하나님께 문의하길 '**만일 내가 블레셋을 공격하면 그들을 내 손에 넘기시렵니까?**' 하나님께서 답하길 '**가라, 내가 블레셋을 네 손에 넘기마.**' 그가 가서 그들을 바알 페라짐Baal-perazim에서 패배시켰다. '**하나님께서 나의 적들의 전선들을 통하며 치시기를 강의 둑을 깨트리듯이 하셨다.**'고 다윗이 말했다. 그래서 그곳이 바알 페라짐으로 불린다. 블레셋이 거기에 그들의 우상들을 버리고 도망가 그것을 다윗과 부하들이 치워버렸다. (삼하5:17-21)

블레셋이 또 다른 공격을 르파임 골짜기 전반에 걸쳐 했기에 다윗이 하나님께 문의하니 말씀하길 '**지금 하지 말고 그들을 우회해서 그들 뒤의 반대편 미루나무 방향으로 가라. 나무 꼭대기들 위에서 부스럭거리는 소리가 들리는 즉시 공격을 해라. 왜냐면 그때 하나님께서 너보다 앞서서 그 블레셋 군대를 제패하러 가실 것이기 때문이다.**' 다윗은 하나님께서 명하신 대로 행해 블레셋과의 전투에서 게바Geba부터 게젤Gezer까지 모든 길에서 그들을 몰

아냈다. (삼하5:22-25)

생각할 점

삼하 3-5장엔 사울 왕이 죽은 후 이스라엘과 다윗 사이에 생긴 사건들이다. 사울 생전에 다윗을 쫓는 동안에도 열두 지파가 한 마음의 선민들이었다.

선민들이 하나님께서 원했던 첫 왕인 사울을 섬기는 다수의 선민들과 사울에게 쫓기던 다윗을 따른 소수의 선민들도 같은 믿음으로 같은 땅에 살았다. 다윗보다 먼저 하나님께 기름부음 받은 사울에게 대적하면 아니 돼서 다윗은 막판에 망명을 택했다. 블레셋의 아키스 왕을 찾아가 도움을 청했다. 그가 다윗에게 지클락을 내주어 600여 명 부하들과 그들의 가족들이 함께 살게 했다.

그 후 사울과 다윗이 각각 큰 전쟁을 치른다.

사울 군대가 블레셋 군과 치열한 전투를 할 동안에 다윗도 아말렉 족속을 기습해 압승한다. 다윗이 가져온 아말렉의 전리품 중 일부를 유다 지파 장로들에게 선물한다.

반면에 사울의 전투가 갯의 아키스도 합세한 블레셋 군사다. 블레셋 장수들이 아키스 왕에게 극력 반대해 다윗이 합류하지 못했다.

이는 하나님께서 다윗을 위해 다른 길을 열어주신 거다. 왜냐면 사울 왕은 블레셋 군과 싸우다 죽지만 다윗은 아말렉 족에게 대승을 해서다.

다윗은 사울에게 그리 쫓겨도 신앙의 품성을 지켰다. 두 번이나 사울을 죽일 기회가 있었으나 죽이지 않았기에 그때마다 다윗에게 사울이 감사했다. (삼상 24장과 26장)

때가 되자 하나님께서 다윗의 입지를 확고히 해주신다.

사울 왕이 죽자 이때의 선민들이 참으로 우연히 이스라엘 열한 지파와 다윗이 속한 유다 지파로 나뉜다. 그렇게 나뉘는 큰 요인이 사울의 군사령관 아브넬 때문이다.

용감한 장수라면 왕가를 위해 끝까지 싸우다 같이 전사했어야 마땅하다. 어째 그가 살아남았는가.

블레셋과의 길보아 산 전투에서 이스라엘 군들이 도망쳤다고 나온다.

화살에 맞은 사울 왕과 왕자들을 남긴 채 도망갔다고 나온다.

사령관도 도망간 거다, 왕과 왕자들을 구하지 않은 채로.

아브넬이 현명했다면 사울 왕에게 간언했어야 한다. 용맹한 전사이자 총명한 다윗을 불러야 마땅하다고.

그런데 왕이 죽자 그가 행한 일이란 어이없다.

패장인 아브넬이 맘대로 사울의 세 명 왕자들보다 미약해 전쟁에도 못 나간 이스보셋을 왕위에 앉히고 수렴청정을 한다. 하나님을 두려워 하지 않는 불신의 인물이었다.

삼상14:49에는 사울의 세 아들인 요나단Jonathan, 이쇼Ishyo, 말키슈아Malchishua, 두 딸 메랍Merab, 미갈Michal이 나온다.

이스보셋(삼하2:8)은 사울의 본 부인이 아닌 다른 여인 소생인 듯하다. (REB.는 그의 이름 뜻이 나온다. '바알의 남자, 수치스런 남자')

선민들이 모두 아는 사울과 다윗은 사무엘을 통해 하나님 기름 부음을 받은 왕들이란 사실을 아브넬이 무시했다.

사악한 아브넬이 다윗의 선함을 알고 이를 이용한 셈이다.

그가 다윗을 살핀 즉 그간에 사울 왕을 죽일 기회가 있었으나 죽이지 않은 사실을 묵살한다. (삼상26:13-16)

사울이 죽고 7년 반의 세월을 다윗이 헤스본에서 유다의 왕을 이스라엘은 이스보셋을 대신한 아브넬 지배를 받는다. 선민들의 두 나라가 7년 반 존재했다.

아브넬이 윤리 문제로 이스보셋과 다투자 곧장 헤브론의 다윗에게 간다. 의리라고는 눈곱만치도 없는 파렴치한이다. 자신의 안위와 권력만 누리려는 욕심뿐이다.

아브넬이 스무 명의 심복들과 다윗에게 조건부 합의를 논의한다. 그가 실제로 이스라엘 군대와 대다수 선민들인 열 지파의 사령관이다. 다윗은 아브넬을 잘 알지만 일단 직접 찾아와 투항하니 평화로이 정권 인수 조약을 맺는다. 다윗이 아브넬과 일행에게 예를 다한 대접을 한다. 이스라엘에는 왕이 하나라야 옳기 때문이다. 그러나 뜻밖의 일이 생긴다. 다윗의 측근 겸 사령관인 요압 때문이다.

요압이 마침 그때 전투에서 승리하고 돌아오자 전해 들은 소식이 동생 죽인 아브넬이 다윗과 회담하고 방금 갔다는 거다. 그가 다윗에게 항의하고 그 뒤를 쫓아가 아브넬을 불러들여 동생 복수로 죽인다.

이로서 다윗이 뜻하지 아니한 위기에 직면한다.

사울의 부하들과 요압의 부하들이 전투에 휘말릴 일촉즉발 위기다. 아브넬의 심복이 20명이나 같이 왔다. 그런 협상으로 다윗에게 대접 잘 받고 돌아가다가 갑자기 요압에게 그들 대표가 죽음 당하니. 그들 모두 특히 다윗이 얼마나 황망했으랴. 민족상잔이 일어날 찰나다.

기민한 다윗이 이 사실을 듣자마자 즉각 행동한다.

다윗, 그가 얼마나 뛰어난 순발력에다 기지까지 능한 지도자인가. 그가 얼마나 선하고 지혜롭고 민첩한 능력의 지도자인가.

다윗은 이스라엘 선민들의 노장인 아브넬 암살의 파장이 불러올 파국을 크게 우려했다. 선민들이 은연중에 7년 반이나 사울과 다윗의 선민들로 갈라져 살아와서다.

다윗은 사울에게 쫓겨 다닌 동안 그에게 모여든 선한 사람들 또는 모리배들, 이방인들도 포용하고 포섭하며 살았다. 항상 하나님께 의뢰하고 하나님 도움을 간청했다.

또한 하나님 부르심에 항상 승복하며 하나님 지시를 따르고 섬겼다. 그가 사람들을 공평하게 공정하게 이끌어왔다.

그가 사람을 귀히 여겨 만사를 정의롭게 처신했다.

이스라엘 실세인 아브넬의 협상 제안을 기꺼이 받고 평화로이 그들 일행이 돌아가게 환대했다.

그런데 다윗의 주요 장수 요압이 주군의 본심을 무시하고 경거망동했다. 다윗 왕을 무시한 거역이자 배신행위다.

다윗은 그 중대 사건을 즉각 수습하기 시작한다.

다윗이 이스라엘 장수인 아브넬 죽음에 진심으로 애도하며 금식하고 장사를 후하게 치러준다. 다윗이 선민들 앞에서 그의 죽음에 진심을 표한다. 사울 왕 일가 죽음에 진심이었듯이 아브넬 죽음에도 예를 다한다.

이스라엘 지파 선민들이 다윗을 왕으로 추대한다.

다윗이 골리앗과 대결한 이후에 선민들에게 높은 명망을 쌓았던 그간의 결과다.

산전수전 겪으며 용맹함과 관대함으로 예루살렘에서 이스라엘 모든 지파의 축복받는 왕이 된다.

사무엘하 6장 '하나님 언약궤, 예루살렘에 모심'

다윗이 이스라엘 사람 3천 명을 뽑아 소집한 군대와 함께 키리앗 예아림Kiriath Jearim에 있는 하나님 궤를 모시러 간다. 이는 하나님 언약궤를 자신의 도시 다윗 시로 불린 예루살렘에 모셔오기 위해서다.

다윗 일행이 키리앗 예아림의 아비나답 집에 모시던 하나님 궤를 새 마차에 싣는다. 그때까지 하나님 궤를 모시던 아비나답의 두 아들 웃자Uzzah와 아히오Ahio의 호위 아래 떠난다. 다윗 일행이 온갖 악기들로 노래한다.

그들 일행이 누군가의 타작마당 안으로 들어서는 때 언약궤의 수레를 끌던 황소들이 비틀대자, 웃자가 하나님 궤에 손을 댄다. 그에 노한 하나님께서 즉시 그를 치셔 그 자리에서 죽는다. 이에 몹시 두려운 다윗이 하나님께 말씀 올리길, **'어떻게 하나님 언약궤가 내게 올 수 있겠습니까?'** 하며, 그의 도시인 다윗 시로 모셔갈 수 없음을 느낀다.

그가 옆으로 돌아서 기타이트the Gittite 족속인 오벧 에돔Obed-edom의 집으로 하나님 궤를 모셔간다. 그곳에 언약궤가 석 달 머무는 동안 하나님께서 오벧 에돔의 전 가족에게 축복을 내리신다. (삼하6:1-11)

이 소식에 다윗이 하나님 궤를 자신의 도시로 모셔오려고 그곳에 간다. 다윗이 하나님 궤를 모신 사람들이 여섯 걸음 걸을 때마다 황소와 들소를 희생했다. 다윗이 베로 지은 사제 예복을 입었는데 하나님 앞에서 벗어던지고 춤을 춘다. 온 이스라엘이 그처럼 하나님 언약궤를 가져온다고 선포하며 나팔을 불었다. 하나님 궤가 다윗 도시로 들어설 때 사울의 딸 미갈이 창에서 내려다보고 다윗이 하나님 앞에 춤추고 뛰며 맴도는 것을 마음 깊이 경멸한다. (삼하6:12-16)

하나님 궤를 위해 다윗이 지은 장막 안에 궤를 모시고, 하나님께 번제와 화목제를 올린다. 이런 제사를 완전히 마치고 다윗이 모든 백성에게 만군의 하나님 이름으로 축복하며, 그들에게 골고루 여러 음식을 나눠주고 집으로 돌아가게 한다. (삼하6:17-19)

다윗이 집으로 들어와 인사하자 미갈이 왕에게 대중 앞에서 옷 벗고 춤춘 것을 힐난하자 그가 답한다.

'하나님께서 너의 부친과 너의 가족들 대신에 나를 이스라엘 왕자로 택하여 지명하신 것을 어찌 기뻐하지 않겠느냐?' 이후로 미갈에겐 죽기까지 자녀가 없었다. (삼하6:20-23)

사무엘하 7장 '다윗에게 하신 하나님 약속'

다윗이 다윗 시에 왕궁을 세우자 하나님께서 사방의 모든 적들에게서 그를 안전히 지켜주신다. 다윗이 예언자 나단에게 말하길 '나는 삼나무 집에서 사는데 하나님 궤를 모신 집은 장막이다.' 나단이 답하길, '무엇이든 당신 마음속에 하나님을 위한 것이 있다면, 행하시오.'

그러나 그날 밤 하나님 말씀이 나단에게 왔다.

'가서 말해라, 나의 종 다윗에게, 이는 하나님 말씀이니 네가 내가 살 집을 짓겠다고? 이날이 오기까지 나는 결코 집에서 머문 일이 없는데 이집트에서 이스라엘을 데려온 이후로 천막이나 막사에서 살았다. 어디서나 나는 이스라엘과 여행하면서, 일찍이 내 백성 이스라엘 지도자로 내가 지명한 어느 사사에게도 왜 삼목 집을 지으라고 청을 하지 않았겠느냐? (삼하7:1-7)

그러니 내 종 다윗에게 말해라, 이는 만군의 하나님 말씀이다, 나는 너를 양들을 따르던 초장에서 내 백성 이스라엘의 왕자가 되라고 데려왔다. 나는 네가 가면 어디든 가서 너의 길의 모든 적들을 멸망시켰다. 나는 지상에서 위대한 사람들의 명성처럼 너를 유명하게 하리라. 나는 내 백성 이스라엘을 위한 장소를 지정할 테고 거기에 그 자신들 땅 안에 내가 그들을 심으리라. 그들은 더 이상 방해받지 않으리라. 그들이 과거에 받은 것 같은 사악한 핍박이 그들에게 결코 다신 없으리라. 내 백성 이스라엘에게 사사들을 지명했던 그날부터다. 그리고 내가 너에게 모든 적들로부터 평화를 주리라. (삼하7:8-11 전반)

하나님께서 네게 네 왕실의 집을 짓게 하리라고 말씀하셨다. 네 일생이 끝나고 네가 너의 조상들에게 돌아가면 너의 가족 중 하나인 너 자신의 아이들 중 하나가 너를 잇도록 세울 테고 내가 그의 왕국을 세우리라. 그가 내 이름의 영예를 위한 집을 지을 자이고 내가 그의 왕좌를 영원하게 하리라. 나는 그에게 아버지가 될 터이고 그가 내 아들이 되리라. 그가 잘못하면 나는 그를 여느 다른 아버지처럼 벌을 줄 터이고 매를 아끼지 않으리라. 그러나 나의 사랑은, 내가 너의 길에서 제거한 사울에게서 물러서듯이 그에게선 절대 물러서지 않으리라. 너의 가족과 너의 왕국이 내 시야에서 영원히 서 있으리라, 너의 왕좌도 영원히 견디리라.' (삼하7:11 후반-16)

나단이 다윗에게 그가 들은 모든 말씀과 그에게 나타난 모든 것을 자세히 말했다. 그래서 다윗 왕이 하나님 전에 가서 그곳의 그의 자리에 앉아 말하길

'주 하나님Lord God, 나는 누구이고 내 가족은 누구이기에 이렇게까지 해주십니까? 주 하나님, 지난 긴 날 동안 당신 종의 집을 위해 세운 기획은 당신 시선에선 작은 일입니다. 무슨 말씀을 더 올리겠습니까? 주 하나님, 당신 스스로 당신의 종 다윗을 아십니다. 당신 약속을 위해 당신께서 이루신 이 모든 위대한 일의 목적을 따르게 이를 당신 종에게 나타내 주십시오.' (삼하7:18-21)

'주 하나님, 당신은 위대합니다. 당신 같은 분이 없음은 우리가 들은 모든 것이 그 증겁니다. 그리고 당신의 백성 이스라엘, 그들을 누구에게 비할 수 있습니까? 지구상에 하나님 당신에서 당신의 백성이 되라고 노예에서 명예 회복을 해주신 다른 나라가 또 있습니까? 당신은 이집트로부터 당신이 구해주신 당신 백성을 위해서 길을 만드시고 다른 나라들과 그들의 신들을 쫓아내는 두렵고 위대한 행동을 하시어 당신 자신을 위한 명성을 지녔습니다. 당신께서 당신 백성 이스라엘을 영원히 당신 것으로 세우셨습니다, 하나님 당신은 그들의 신이십니다.' (삼하7:22-24)

'주 하나님, 지금부터 당신의 종과 가족을 위해 당신께서 약속하신 것을 영원히 수행하시되, 당신이 약속하신 선을 이루도록 하여주십시오. 당신의 명성이 항상 위대해서 백성들이 "만군의 하나님이 이스라엘의 신이시다"라고 말하게 하여 주시기를, 그리고 당신의 종 다윗 가문을 당신 앞에 세워주시기를. 만군의 하나님, 이스라엘의 하나님, 당신께서 당신의 목적을 당신 종에게 보여주고 말씀하길 "내가 너의 집을 세워 주리라." 그러므로 당신께 이런 대담한 기도를 올립니다. "지금, 주 하나님, 당신은 신이시니, 당신 약속은 이루어집니다. 당신은 이러한 고귀한 약속들을 당신 종에게 하셨습니다. 지금, 당신께서 기쁘시기를, 당신 종의 집의 축복이 당신 앞에서 영원히 지속해주시기를, 주 하나님, 당신께서 약속하신 당신 축복이 당신 종의 집에 영원히 머무시기를.' (삼하7:25-29)

사무엘하 8장 '다윗의 승리'

이후에 다윗이 블레셋을 공격하여 정복해 메덱하암마Metheg-ha-ammah를 취했다. 그가 모압을 쳐부숴 그들을 눕혀 두 줄 길이의 사람은 죽이고 한 줄 길이는 살렸다. 모압족Moabite이 그에게 복종하고 조공을 바친다. 다윗은 또한 르홉족Rehobite의 조바Zobah의 왕인 하닷에셀을 쳤는데, 그가 유프라테스 강가로 자신의 승리 기념비를 찾으러 가던 중이었다. 다윗이 그에게 1,700마리의 말과 20,000명의 보병을 잡았다. 다윗이 100마리만 남기고 모든 마차 말들의 뒷다리 관절을 끊는다. 다마스커스의 아람Aramaean인들이 조바의 하닷에셀 왕을 도우러 오자, 다윗이 그들 22,000명을 죽이고 그 아람인들 사이에 유격대를 주둔시킨다. 그들도 다윗에게 복종하고 조공을 바친다. 이렇게 하나님께선 그가 가는 곳마다 승리를 주셨다. 다윗이 하닷에셀의 시위대에서 황금 방패를 걷어다가 예루살렘으로 가져온다. 또한 하닷에셀의 도시 베타Betah와 베로타이Berothai에서 굉장한 분량의 청동을 가져온다. (삼하8:1-8)

하마스Hamath의 왕 토이Toi가 이런 승리의 소식을 듣자 축하하러 그의 아들 요람Joram을 다윗에게 보내며 금, 은, 청동 그릇들도 가져가게 한다. 이러한 모든 것들을 다윗이 하나님께 바친다. 그가 정복한 모든 나라들인 에돔, 모압, 아말렉 족속들에게서 가져온 것들과 다 함께 바친다. (삼하8:9-12)

다윗이 소금계곡에서 18,000명의 에돔 사람을 학살해 유명해진다. 그가 에돔 전체에 수색대를 주둔시켜 모든 에돔 사람들이 그에게 복종했다. 하나님께서 다윗이 어디를 가든 승리를 주셨다. (삼하8:13-14)

다윗이 이스라엘 전체를 모든 백성들 사이에서 법과 정의를 지키며 다스렸다. 제루이야Zeruiah의 아들 요압Joab이 총사령관, 아히룻Ahilud의 아들 제호샤팟Jehoshaphat이 국무장관, 아히툽Ahitub의 아들 아히멜렉Ahimelech의 아들 자독Zadoc과 아비아탈Abiathar은 사제들, 세라이야Seraiah는 고급부관, 제호이야다Zehoiada의 아들 브나이야Benaiah는 케레티트 족Kerethite과 펠레트 족Pelethite을 지키는 사령관이었다. 다윗의 아들들이 사제들이었다. (삼하8:15-18)

사무엘하 9장 다윗과 메피보셋Mephibosheth

다윗이 묻기를 '사울의 가족 중 내가 요나단을 위해 친절을 베풀어야 할 누군가 남아 있느냐?' 사울 가의 종인 지바Ziba가 다윗에게 불려오니 그에게 묻길 '네가 지바냐?' 그가 답하니 '당신의 종입니다, 주인님.'

왕이 묻길 '하나님께서 요구하신 친절을 보일 사울가의 가족 중에 누가 아직 살아 있냐?' 지바가 답하길 '네, 요나단의 아들 하나가 있으니 절름발이로 두 발을 못 씁니다.' 왕이 그에게 '어디 있냐?' 지바가 '그가 로-데발Lo-debar에서 암미엘의 아들 마킬Machir과 지냅니다.' (삼하9:1-4)

왕이 요나단의 아들이자 사울의 손자 메피보셋을 데려오니 그가 다윗 앞에 오자 엎드려 복종했다. 다윗이 '메피보셋아!' 부르자, 그가 '당신의 종입니다, 주인님.' 답했다. 다윗이 그에게 '두려워 말라, 네 부친 요나단을 위해 네게 친절하리니, 내가 너에게 네 할아버지의 모든 재산을 되돌리고 너는 나와 같이 나의 식탁에서 식사하리라.' 하자, 메피보셋이 다시 엎드려 말하길 '죽은 개 같은 내가 누구라고 당신께서 그리 배려하십니까?' (삼하9:5-8)

다윗이 사울의 종 지바를 불러 말하길 '나는 네 주인의 손자에게 사울과 그 가문에 속한 모든 재산을 준다. 너와 네 아들들과 너의 종들이 너의 주인 가족에게 제공된 그 땅을 경작해 그 수확을 그들에게 가져다주고 오직 메피보셋 네 주인의 손자는 내 식탁의 정해진 자리에서 함께하리라.'

지바는 아들 열다섯에 종이 스물 있어서 답하길 '나는 폐하가 명하신 모든 일을 하겠습니다.' 그래서 메피보셋이 왕의 아들들 중 하나처럼 왕의 집안에 자리를 갖게 되었다. 그에게 어린 아들이 하나 있고 이름이 미카Mica였다. 지바의 가족들이 모두 메피보셋의 종들이었다. 메피보셋이 예루살렘에 살며 왕의 식탁에 정해진 자리가 있었고 두 발을 절었다. (삼하9:9-13)

생각할 점
삼하 6장

다윗이 하나님 언약궤를 키리앗 예아림에서 다윗 시로 모셔온다. 이때 다윗의 첫 아내, 사울 왕의 딸 미갈의 오만이 드러난다. 그들 부부가 사연 많아도 그녀가 남편 다윗을 이해하지 못했다. 그녀가 믿음이 없었다.

다윗의 가장 감격스런 순간을, 조금도 몰랐으니.

이와 비교하긴 뭐하지만 현재의 우리도 그만큼 중요한 대한민국 오천년 역사의 중요한 기점에 산다. 2018년 6월 12일과 13일 두 날에 연달아 있었던 남북 두 정상의 회담이 우리만 아니라 전 세계가 놀란 일이어서다.

갈 길이 멀지만, 일단 이러한 작은 시작이 소중하다.

세계 평화가 한반도에서 핵무기 폐기 수순을 밟음으로 핵전쟁 공포를 벗어나는 시발점이 되기를 간구한다.

세계에서 유일무이한 은둔의 세상에 살던 북한이란 국가 정상이 우리에게 호응해 발 벗고 나서서다. 그들이 남한의 눈부신 성장세에 같이 좀 잘 살아보리라고 대화의 길에 동등한 입장과 조건에서 나섰으리라. 우리 한반도의 반쪽인 북한이 그 존재감을 드러냈다.

세계 뉴스의 첫 등장이 거창해 세계가 계속 주시하리라.

역사상에서 대가가 없는 발전이란 있을 수 없다. 이제부터 우리 갈 길이 얼마나 험할지, 얼마나 더 가야 바른길로 들어설지를, 누구도 예측도 장담도 어렵다.

이쪽저쪽 서로 비난하고 헐뜯기에만 열 올리면 서로 망해버릴 이치다. 온 세계가 보며 식상할 일이다.

경술국치 이전부터 대한민국 근대사는 우여곡절을 죄다 겪어온 민족사로 세계사에 작은 족적을 남겼다. 이런 와중에도 온 세계의 주시 받음은 민주주의 운동의 역사 때문이다. 수십 년간 어긋난 군사독재 체제하에서의 잘못과 그 이전의 일재 잔재 처리조차 아직 깨끗하지 못한 어정쩡한 단계지만 공정한 선거로서 유례없는 발전을 눈부시게 지속 중이다.

지리상 위치가 세계 어디보다 아름답고 힘차다고 부르짖은 김교신 선생이 오늘을 보신다면 뭐라고 하실까?

그분 제자 노평구 선생이 **김교신의 『성서조선 영인본』**을 1980년대 초 발간했다. 가끔 예배 시에 부패하고 부정한 정권을 무작위로 그분이 크게 비판했다. 그분 다음엔 유희세 선생이 성서의 시선으로 사회 부조리를 예배 시에 알리셨다.

삼하 7장

다윗이 나단을 통해 하나님 말씀을 듣는다.

마치 예전에 모세에게 '내가 누구라'고 가르치신 하나님께 듣는 듯이 새삼스레 다윗이 나단을 통한 하나님 말씀을 듣는다. 왜냐면 하나님께서 다윗에게 주신 말씀이 세상 장막인 성전은 소용이 없다는 거룩하고 웅장한 말씀이나 다름없어서다, 그렇지 아니한가. 그리고 다윗 가문의 후손과 선민을 축복하신다. 누구나의 심금을 울린다.

하나님께선 언약궤를 모시고자 성전을 지으려는 다윗의 깊은 마음을 아셔서 그의 아들이 지으리라, 하신다.

동시에 영원한 다윗의 후손의 번영을 들려주신다.

마치 노아의 홍수 후에 무지개로 인류를 다신 물로 망하진 않게 하신다는 하나님을 뵙는 듯하다.

다윗은 거룩한 후손의 축복 말씀을 듣는다. (삼하7:13-14)

다윗은 이에 감동해서 하나님께 감사 기도를 절실히 올린다. 그 기도의 절절한 기쁨에서 과연 시편을 지은 시인다움이 보인다. 다윗은 하나님의 그런 사랑을 받을 만큼 많은 난관을 이겨낸 순전하고 겸손한 믿음의 소유자다.

삼하 8장

하나님께서 얼마나 많은 적들에게서 다윗의 군대가 승리를 하게 해주셨는가. 다윗은 생명 유지에 필요한 것은 챙기고, 적에게 이익이 될 소지는 완전히 제거한다. 많은 적의 군마들 중에 달리지 못하게 뒷다리 관절을 상하게 하는 데서 그 용의주도한 기민성을 볼 수 있다.

다윗은 전리품 중에 가장 귀한 것은 하나님께 속한 것이라고 하나님 전에 올린다. 많은 자신 휘하의 군사들과 선민들 앞에서 다윗은 남김없이 모든 귀금속을 하나님 장막에 가져다 올린다. 다윗의 솔선수범에서 그런 승리의 결과가 하나님 도움임을 선민들이 분명히 깨닫게 해준다.

다윗이 매사를 하나님께 낱낱이 고해서 선민들 사회에 귀감이 되게끔 행한다. 다윗 군대가 이기게끔 하나님께서 적의 것들을 다윗에게 다 넘기셨기에, 매사를 하나님께 맡김이 가장 당연하고 안전하다는 믿음의 귀속 논리다. 성전을 짓기 위한 만사를 다윗이 주도하며 준비한다. 그가 전투에서 탈취한, 귀한 금속들을 승리한 자신의 군대에게 골고루 나누어 주었다간 그들이 호사를 누리며 타락해 갔으리라. 다윗이 사울에게서 피신 다니는 동안에 이를 잘 깨닫고 보았으리라.

그가 나눌 것은 부하들과 공평하게 나누되 가장 귀한 것은 하나님께 올려서 모범을 보인다. 다윗은 엄격하고 현명한 지혜로 하나님 믿음을 현실에 철저히 고수해 존엄을 지킨 통치자였다.

다윗이 마치 여호수아의 아간 이야기를 알고 있듯이 행동한다. 아간의 기사는 속된 헛된 재물을 탐하면 죽어서 망한다. (수 7장)

또한 사울 왕이 하나님께서 금하신 재물과 가축들과 숨겼던 아

말렉 왕 아각을 사무엘이 박살 내 죽였다. (삼상 15장)

하나님께 의지한 다윗이 가장 좋은 것은 항상 하나님께 올리고 다음에 선민들과 나누는 모범을 보인 사실이다.

삼하 9장

삼상9:1에는 사울 가문의 선대가 6대까지 이름이 나오며 벤저민 지파임을 전한다. 다윗은 일단 자신의 위치가 안정되자 자기에게 충실한 우정과 의리를 지킨 사울의 아들 요나단과의 약속을 지킨다.

사울 가문의 생존자인 요나단의 아들을 찾아, 재산 모두를 돌려준다. 사울가의 재산을 관리하던 지바라는 사람의 가족들이 그 재산을 관리하게 명한다. 그리고도 요나단 아들 메피보셋을 왕궁에서 자신과 함께 식사하게 정한다.

이런 예우가 세계 어느 고대 역사에 또 있으랴, 싶다.

사울 왕가가 벤저민 지파인데, 신약의 사도 바울도 같은 지파다. 이렇듯이 다윗이 힘써 사울가의 명맥이 이어지게 했다. 다윗을 죽이러 온 힘을 기울인 존재인 사울이지만 다윗은 진심으로 그러한 원수를 사랑한 성서의 모범으로 추앙받아야 한다.

다윗은 자신의 의지를 따르면서도 오직 하나님의 뜻만 존중한다. 사울 왕의 부득이한 그런 이해 못할 불의의 행위들이 다윗 자신의 신앙을 단련시킨 하나님의 일이라고 받아들였을 수 있다. 다윗은 천성이 밝고 선한 사람이었다. 하나님께서 이런 그를 보셨으리라.

다윗이 예수 그리스도 말씀을 실행한 첫 번째 참된 구약의 신앙인이었다. 그가 '원수를 사랑하라'는 말씀을 실천했다. 다윗은 사람이 사람을 미워하는 일이 살인과 같다는 사실을 깊이 깨달은 하나님의 사람이었다.

삼하 7장 요점을 다시 되새긴다.

다윗이 왕궁을 짓고 나자, 그 자신이 어렵게 모셔온 하나님 궤가 장막에 있음을 송구해한다. 그래서 선지자 나단에게 하나님 집을 짓겠다니까 왕의 뜻대로 하라, 했으나 그날 밤 하나님께서 나단에게 말씀하신다.

나무람 같은 말씀이시다. 하나님께 집이 왜 필요하냐고. '그렇다면 그동안 누군가에게 지으라, 하지 않았겠냐?'

이를 보면 하나님 언약궤를 위한 집은 순전히 다윗이 가진 인간다운 관점에서 나왔다.

나단과 다윗조차 하나님을 잘 이해 못했음을 증명한다.

고로 지극히 주시할 말씀이 삼하7:5-7이다.

이는 기독교단에서 성전 건축, 개축, 또는 확장을 가장 중요 과제로 손꼽는 풍토라서 고려할 가치가 크다.

그러하셨음에도 하나님께서는 다윗의 진심과 선민을 위한 축복으로 그의 아들이 성전을 짓게 하신다고 약속을 해주신다.

그 때문에 다윗 후손에서 구세주가 오게 해주신다는 약속의 축복까지 해주신다. (삼하7:18-29).

이에 다윗이 감복해서 하나님 앞에 들어가서 감사기도 올린다.

그의 기도에 우리도 하나님께 감사 기도를 올리게 한다.

사무엘하 10장

얼마 후 암몬족의 왕이 죽어서 그의 아들 하눈Hanun이 왕위를 이었다. 다윗이 말하길 '나하스Nahash의 아들인 하눈에게 그의 부친이 내게 보인 그런 지극한 우의를 지켜야겠다.'면서 나하스의 죽음에 조문단을 보냈다. 다윗의 사절단이 암몬족 나라에 들어갔을 때 암몬의 왕자들이 군주 하눈에게 말하길 '다윗이 너의 부친을 존경하러 조문단을 보냈다, 생각을 하냐? 그의 사람들이 이 도시를 전복할 방법을 찾으러 그가 보낸 정탐꾼들이다.' 하눈이 다윗 신하들을 잡아다 그들 수염 절반과 옷 절반을 엉덩이까지 잘라서 쫓아냈다. 그들이 대접 받은 소식을 다윗이 듣자 수치스러울 테니 여리고에서 수염이 자라기까지 기다려 돌아오라 명한다. (삼하10:1-5)

암몬족이 다윗에게 적대했음을 깨닫자 벧르홉과 소바의 아람족Aramaeans에게 도우러 오라 청하여 20,000명의 보병을 고용한다. 마카Maacha의 왕에게 1,000명을 톱Tob에서 100,000명의 용병을 고용한다.

이 보고를 들은 다윗이 요압에게 모든 전투병과 함께 싸우러 보낸다. 암몬족이 도시 출입구에 진을 친 반면에 조바, 르홉, 톱, 마카는 열린 들판이 있는 쪽에 진을 쳤다. 요압이 그들이 앞뒤로 위협하는 것을 보자 이스라엘 군대 얼마를 뽑아 아람Aramaeans

인들과 마주 보게 배치한다.

나머지 군대는 암몬과 마주한 동생 아비새가 지휘하게 한다. 그가 말하길 '만일 내게 아람인들이 너무 강하면 네가 나를 도우러 와야만 한다.' 또한 '만일 암몬이 네게 강하면 내가 도우러 갈 거다. 용기를 내자! 우리 용감하게 우리 백성, 우리 하나님 도시를 위해 싸우자. 하나님 뜻이 이루어지리라.' (삼하10:6-12)

요압이 부하들과 아람인들에게 가까이 가서 싸우자 그들이 도주했다. 암몬이 도망치는 그들을 보자 그들 또한 아비새 앞에서 도망쳐 그들 도시 안으로 철수했다. 그래서 요압이 암몬과 싸우던 전투에서 예루살렘으로 돌아왔다. 아람은 그들이 이스라엘에 패하고 그들과 군사 동맹인 유프라테스 강변의 큰 군사 동맹군을 소집한다. 그들이 모여 하다데젤Hadadezer 군대의 사령관 소박Shobach의 지휘 아래 헬람Helam까지 진군했다. (삼하10:13-16)

그들의 이런 동정을 다윗이 보고받자 즉시 이스라엘 군대를 소집해 요르단을 건너 헬람Helam으로 진군한다. 아람 인들이 다윗과 마주 보고 진을 쳐서 싸웠으나 이스라엘 군에게서 패주한다. 다윗이 마차 병 700명, 기병 40,000명을 죽이고, 소박Shobak에게는 치명상을 입혀 들판에서 죽게 한다. 모든 하다데젤 왕의 가신들이 최악의 상황을 보자 평화를 이스라엘에 간청하며 복종했다. 아람인들이 다시는 감히 암몬을 돕지 못했다. (삼하10:17-19)

사무엘하 11장

그 한 해가 가는 중에 왕들이 전쟁을 일으켜 다윗이 요압과 그의 모든 장수들과 이스라엘 전 군대를 보내 암몬을 약탈하고 라바 Rabbah까지 포위했다. 다윗은 예루살렘에 머물렀다. 어느 저녁 침상에서 일어나 궁전 지붕 위를 거닐다 매우 예쁜 여자가 목욕하는 모습을 보았다. 여자가 누군가 수소문, 엘리암Eliam의 딸 밧세바Bathsheba가 틀림없고 히타이트족Hittite 우리아Uriah의 아내다. 그가 전령을 보내 그녀를 끌어와 그녀가 생리 후라 여전히 깨끗해야 할 즈음임에도 동침 후 집에 가게 한다. 그녀가 임신했다는 말을 다윗에게 전한다. (삼하11:1-5)

다윗이 요압에게 우리아를 자기에게 데려오라 한다. 요압이 그리해서 우리아가 도착하자 다윗이 그에게 요압과 군대의 전투 근황을 묻고는 그의 집으로 가라고 내려보낸다. 그러나 그가 집에 가지 않고 궁정 입구에서 왕의 부하들과 지낸다. 다윗이 그가 집으로 가지 않은 사실을 알고 물으니 '이스라엘과 유다가 장막 아래 있고 하나님 궤가 있으며 나의 주인 요압과 폐하의 장수들이 들판에서 전투 중인데 어찌 먹고 마시고 아내와 자겠습니까?'

다윗이 그에게 하루 더 있다 내일 가라며 초대해 그가 먹고 마시어 취하게 한다. 그러나 그가 집에 안 가고 왕의 부하들과 지냈다. (삼하11:6-13)

다음 날 아침 다윗이 요압에게 편지를 써서 우리아가 가져가게 한다. 요압에게 가장 치열한 전투에 우리아를 보내 죽게 하라는 요지였다. 요압이 그 도시를 포위한 동안, 우리아를 적의 노련한 군대가 있는 데로 배치한다. 그 도시 사람들이 돌격, 요압과 싸우다 다윗의 호위대들 몇몇이 쓰러져 히타이트 사람 우리아도 죽는다. 요압이 다윗에게 이런 소식을 전령에게 보내며 지시한다. 보고할 때 만일 왕이 노해서 묻기를 '왜 그렇게 성 가까이에서 싸웠냐며 성벽에서 활 쏠 줄 몰랐더냐?' 하면 이렇게 답해라, '당신 종 히타이트인 우리아 또한 죽었습니다.' (삼하11:14-21)

전령이 다윗에게 오자, 그가 요압의 지시대로 보고한다.

다윗이 과연 요압의 말대로 화내며 '왜 전투 동안 성벽에 그리 다가갔냐? 성벽에서 내려칠 것은 알았어야 했는데 예루베셋 Jerubbesheth의 아들 아비멜렉Abimelech이 죽은 것을 기억해 보라. 테베Thebez 성벽에서 한 여자가 맷돌을 떨어트려 죽이지 않았냐? 왜 너흰 그 벽에 그리 가까이 갔냐?' 전령이 답하길 '적들이 대량으로 들판으로 쏟아져 나와 돌격해 우린 그들을 성문에서 멀지만 가장 가까이로 몰아가야 했습니다. 거기 궁수들이 성벽 위에서 활을 쏘아 폐하의 장수 몇 명이 쓰러지고 당신의 종 우리아도 죽었습니다.' 그러자 왕이 전령에게 말하길 '이 일로 너는 근심하지 말도록 하라- 거기서 칼이 어디를 칠지 아는 자는 아무도 없다. 그 도시를 공격해 부수고 압박해서 바닥까지 파괴해라, 그에게 안심하라 말해라.' (삼하11:22-25)

우리아의 아내가 그 죽음을 듣고 그를 위해 애도한다. 그런 애도 기간이 지나자 다윗이 그녀를 궁에 데려와 아내로 삼아 아들을 낳는다. 다윗이 한 짓이 하나님 눈에 바르지 못했다. (삼하 11:26-27)

사무엘하 12장

하나님께서 예언자 나단을 다윗에게 보내서 그가 왕의 면전에서 말하길 '어느 도시에 두 사람이 사는데 하나는 부자, 다른 하난 가난하다. 부자는 많은 가축 무리가 있고 가난한 자는 아무것 없이 그가 산, 아주 작은 암양 한 마리뿐이다. 그가 이를 귀히 집 안의 자식들과 같이 키웠다. 음식도 음료도 잠도 그의 팔에서 재웠다. 그에겐 딸과 같았다.

어느 날 한 여행객이 그 부자 집에 왔는데 그 부자가 너무 미련해 자신의 가축에서 손님 접대를 않고 가난한 자의 양 한 마릴 뺏어다 사용했다.' (삼하12:1-4)

다윗이 매우 노해, '하나님께서 살아계신 한 이런 남자는 죽을 만하다! 그가 양의 값으로 네 배는 주었어야 했는데 그런 짓을 염치없이 행하다니.' (삼하12:5-6)

나단이 다윗에게 말하길 '네가 그 남자다. 이는 이스라엘의 주 하나님께서 네게 하신 말씀이다. 내가 너를 이스라엘을 다스릴 왕으로 지명했고 사울의 권력에서 구했으며 네 주인의 딸과 그의 아내들을 네 것으로 했고 이스라엘과 유다의 딸들을 주었다. 물론 이가 충분치 않다면 다른 총애할 자들을 더 주었으리라. 그런데 어찌하여 내 눈앞에서 나쁜 짓을 행하여 하나님 말씀을 모욕하나? 너는 칼로 히타이트의 우리아를 쳐서 쓰러트렸다. 너는 암몬 사람의 칼로 그를 죽게 하고 그의 아내를 훔쳤다. 네가 나를 멸시하고 히타이트 사람 우리아의 아내를 취해 네 아내로 삼았기에 너의 가문은 칼로부터 다시는 절대 안전치 못하리라. 이것이 하나님 말씀이다, 너 자신의 가족 안에서 말썽을 가져오게 하리라. 네 눈앞에서 너의 아내들을 다른 자들에게 주어 대낮에 그들과 동침하게 하리라. 네가 비밀히 행한 짓을 온 이스라엘이 보도록 대낮에 보게 하리라.' 다윗이 나단에게 말하길 '내가 하나님께 죄지었습니다.' 나단이 답하길 '하나님께선 너의 죄에 또 다른 결과를 내리셨다. 네가 죽지 않겠지만 하나님을 경멸한 네 행위로 태어날 아이가 죽으리라.' (삼하12:7-14)

나단이 집으로 돌아간 후에 하나님께서 우리아의 아내가 다윗에게 낳은 남자아일 치시어 심한 병이 들었다. 다윗이 아일 위해 하나님께 기도드렸다. 땅에 베옷으로 엎디어 금식하며 밤을 지냈다. 그 가문의 나이 든 사람들이 그를 일으키려 애쓰나 거절하고 그들과 아무것도 먹지 않았다. 칠일째에 아이가 죽자 다윗 시종들이 말하길 두려워한다. 그들이 '아이가 살아 있는 동안에 말해도 듣지 않았는데 아이가 죽었다고 어찌 말할 수 있는가? 그가 절망해 무엇을 행할지.' 다윗이 그의 종들이 수군댐을 보고 아이가 죽은 걸 알았다. 그가 묻길 '아이가 죽었냐?' 그들이 '네, 죽었습니다.' (삼하12:15-19)

그러자 다윗이 바닥에서 일어나 목욕하고 스스로 기름 부어 신성하게 하고 새 옷을 입었다. 그가 하나님 집으로 들어가 자신을 엎드렸다. 다음에 집으로 돌아와 음식을 가져오게 하여 앞에 놓이자 먹었다. 그의 종이 그에게 묻길 '이게 뭡니까? 아이가 살아 있는 동안은 금식하고 울었는데 지금 그가 죽었는데 일어나 먹다니요.'

그가 답하길, '**그가 산 동안 금식하고 울며 생각하길 "하나님께서 나에게 은혜로우시어 소년이 살아날 수 있으리라." 그러나 지금 그가 죽었는데 왜 금식해야 하나? 내가 다시 그를 되돌릴 수 있냐? 나는 그에게 갈 테지만 그가 내게 돌아올 순 없다.**' 다윗이 그의 아내 밧세바를 위로하고 그녀에게 가서 동침하여 그녀가 아들을 낳아 **솔로몬**이라 불렀다. 하나님께서 예언자 나단을 통한 말씀으로, 하나님을 위하여 그를 사랑하사 이름을 옌디야Jeddiah(하나님께 사랑 입음)로 주신다 하셨다. (삼하12:20-25)

요압이 암몬족의 도시 라바Rabbah를 공격해 왕의 샘the King's Pool을 취했다. '내가 라바를 공격, 그 샘을 취했소. 지금 남은 군대를 소집해 이 도시를 포위 함락시키시오. 그렇지 않으면 나 자신이 도시를 취했다 선포해 내 것으로 삼겠소.' 다윗이 이에 따라 전 군사를 소집해 라바로 행군해 함락했다. 거기의 왕관이 금 한 달란트 무게고 귀한 보석 장식인데 밀콤Milcom 머리에서 벗겨 내 다윗 머리 위에 놓았다. 다윗이 거기서 막대한 양의 전리품을 챙겼다. 그가 거주민들을 데려와서 톱질, 철기 제작, 무기의 날을 세우는 일, 벽돌 가마 작업에 종사하게 했다. 다윗이 이를 암몬족의 모든 도시에서 행하게 했다. 그 후에 모든 군사와 더불어 예루살렘에 돌아왔다. (삼하12:26-31)

생각할 점

삼하 10-12장은 다윗의 왕권과 이스라엘 국권 안정이 부른 역사 사건들이 내용이다. 이런 내용은 다음과 같다.

삼하 10장, 이웃나라 왕의 문상에서 외교 문제 분쟁에서 전쟁이 시작한다.

삼하 11장, 다윗이 밧세바와 불륜이 그녀의 남편이자 다윗 군대의 용감한 장수인 우리아를 살해 교사한 사건이다.

삼하 12장, 다윗이 선지자 나단을 통한 하나님 징벌을 받는 내용이다.

삼하 10장

암몬 족의 왕 나하스Nahash가 죽었을 때 다윗이 그와의 교분으로 조문단을 파견한 사실이 무슨 근거에서 쓴 것인지 성서에선 찾을 수 없다고 한다.

왜냐면 다음 장인 삼상 11장의 암몬 왕 나하스는 무자비하게 이스라엘에 가장 먼저 도발했던 자로 등장해서다.

이는 사울이 왕이 될 사람으로 사무엘에게 기름부음 받은 지 얼마 안 되어 생긴 일이었다. 그때 겁먹었던 이스라엘을 사울이 독려해서 모두 용맹하게 싸워 나하스가 크게 패했다. 묘하게 삼상 10장과 삼하 11장에 똑같은 암몬 왕 나하스가 나오지만 전혀 다른 사람인 듯하다.

다윗이 이방 민족에게 크게 신세진 기사가 사무엘상 27장에 나온다. 그런 시기에 다윗이 신세진 암몬의 왕일 수 있다고 볼 수 있다. 이를 사가들이 기록 못했어도 당시 다윗에겐 고마워 예의 사절을 보낸 거라고 볼 수 있다.

다윗이 사울의 기나긴 추격에서 마지막 피신한 곳이 고국을 떠난 이방의 블레셋 영토였음을 알아야 한다. 당시의 다윗이 600명 식솔을 끌고 블레셋의 갯Gath의 왕에게 마옥Maoch의 아들 아키스Achish에게 찾아가 도움을 청했다. 아키스가 다윗의 가솔들에게 부여해준 지클락Ziklag에서 1년 4개월을 지냈다.

삼하 11장 다윗의 간통 사건

이는 세계에서 가장 유명한 간통 사건이다. 왜냐면 솔로몬이란 유명한 왕이 이로 인해 태어나서다.

세상이 모를지라도 하나님께선 다윗이 저지른 불륜과 그의 사악한 살해 지시를 참지 못하신다. 선지자 나단을 통해 호되게 다윗을 질책하신다. 밧세바가 자신과의 관계로 임신한 사실을 감추고자 그녀 남편인 장수 우리아를 전선에서 불러온다. 우리아가 아내와 동침하지 않아 가증한 음모가 실패해 그를 치열한 전투에 보내 전사시키라는 명을 요압에게 내린다. 완전 범죄다.

다윗이 어쩌자고 원초 본능에 쉬이 빠졌는가. 아니면 왕궁서 보이는 옥상에서 밧세바가 한낮에 목욕하다니. 그녀가 다윗을 흠모해 꾸민 일인가.

그런 사실이 장수 우리아에게 들키면 그가 다윗에게 반역하고 아내를 죽이고 그도 죽었을 수 있다. 그러면 다윗의 군대의 사기가 무너져 왕국 토대가 혼란에 빠졌으리라.

성실하고 충실한 우리아가 사랑한 아내의 불륜과 다윗의 불의를 모른 채 죽어 다행이다 싶다. 충실한 전사로 장렬히 전사해서다. 겉으론 다윗의 완전 범죄가 성공했다.

한편 밧세바는 남편이 다윗의 모함에 죽은 사실을 알았을까? 진실로 그녀가 사랑한 남자가 누구였을까?

그녀가 악한 여자로 보이지 않음은 솔로몬의 모친이기 때문인가? (미켈란젤로의 시스틴 성당 천장화에 '부모와 있는 솔로몬')

다윗은 성서의 특출한 위인이다.

그런 그도 하나님께 불륜 죄의 대가를 톡톡히 치른다. 갓 낳은 아들을 하나님께서 데려가신다. 그뿐만 아니라 앞으로는 더 심한 고통을 그의 자식들을 통해서 받으리란 심한 징벌 예고까지 선지자 나단에게 듣는다.

하나님께선 당신이 사랑하신 자의 불의에 깊이 노하셨음을 알리신다. 불의는 지나치지 않음을 알리신다.

사람들 눈에 감춰진 불의일지라도 하나님 눈에는 감추지 못함을 알리신다.

다윗이 나단을 통한 하나님 훈계에 진심으로 자신 과오를 심히 뉘우쳤다. 하나님께선 그들의 아기를 데려가심은 인간의 깊은 고통이 자녀의 죽음임을 아셔서다.

삼하 12장

나단을 통해 하나님께서 다윗에게 질책하는 말씀들과 이에서 앞으로 전개할 역사 사건들 예고다. 다윗의 간통의 결과로 인한 다윗의 회개와 성찰을 볼 수 있다.

암몬족의 멸망과 결과가 다윗에게 끼치는 영향이 내용이다. 그로 인해 이스라엘군 총사령관 요압과 통치자인 다윗 왕과의 주종 관계에 미묘한 변화가 감지된다. 이는 다윗의 간통 사건과 크게 맞물린다.

요압이 보기엔 다윗이 우리아 같은 용맹하고 충성스런 장수를 죽인 사건에 대한 불만이 컸으리라. 요압 자신의 앞날의 안위에도 부하 장수로서 의문이 들 수 있었으리라.

요압이 자신의 전령에게 자세히 일러서 보낸 다윗의 꾸중에 대한 그 말대답에 속내가 드러난다.

요압은 다윗의 불륜 사건과 결과를 꿰뚫고 있었다.

가장 가까이에서 가장 너무 잘 알기에 작은 불화의 씨가 크게 싹틈을 알리는 사건이다.

다윗과 요압은 젊어서부터 평생을 지내 왔다. 그들은 사촌지간인지라 사울 왕에게 쫓기던 시절부터 생사고락을 함께 했다. 서로 믿고 의지하던 측근 사이지만 왕과 군 총사령관이란 주종 관계는 엄격하고 분명히 지켜야 한다.

왜냐면 그들 두 사람이 선민들의 뛰어난 지도자들이었기 때문이다.

다윗은 이스라엘 전체를 대표한다.

더구나 이스라엘 군대의 통수권자인 왕이다.

이스라엘 국가의 안정이 다윗의 탁월한 믿음의 통치력에서 나온다.

아는 만큼만 보인다는데 깊이 보는 눈이 없는 요압은 다윗의 단점만 크게 보고 그가 지닌 하나님 믿음의 장점은 몰랐다.

구약역사 13 사무엘하서 13-15장

사무엘하 13장 '다윗 가문의 투쟁, 암논, 다말, 압살롬'

삼하13:1 얼마 후 일어난 일이다. 다윗의 아들 압살롬에겐 아름다운 누이동생 다말Tamar이 있는데 다윗의 아들 암논Amnon이 그녀를 짝사랑했다. ² 암논은 이복 여동생을 짝사랑하는 고통이 심했다. 왜냐면 그녀가 처녀라 접근하기 불가능하다 생각해서다. ³ 그런데 그에게 한 친구가 있는데 다윗의 형 시므야Shimeah의 아들 요나답Jonadab으로 매우 영악한 자라 ⁴ 그가 암논에게 말하길 '어찌하여 왕의 아들인 네가 매일이 그리 저기압이냐? 내게 말할 수 없냐?' 암논이 그에게 동생 압살롬의 누이 다말을 짝사랑한다 했다. ⁵ 요나답이 그에게 '네 침대로 가서 아프다고 가장해라. 부친이 방문하면 "부디 내 누이 다말이 와서 음식을 하게 해주시오. 그녀가 내 앞에서 이를 준비하면 보고 다음엔 그녀가 먹여주게 해주시오."' ⁶ 그래서 암논이 자리에 누워 아픈 시늉을 했다. 왕이 그를 방문했을 때 그가 '내 누이 다말이 와서 빵 과자 몇 개를 만들어 그녀 손으로 먹을 수 있게 해 주시오.' 했다.

⁷ 다윗이 궁전에서 다말에게 전갈을 보냈다. '네 오빠 암논 집에 가서 식사를 준비해라.' ⁸ 다말이 그의 오빠에게 와서 그가 누워 있음을 보았다. 그녀가 밀가루를 가져다 반죽하며 그 앞에서 과자를 만들어 굽고 ⁹ 팬을 가져다 그 앞에서 뒤집었다. 그런데 암논이 먹기를 거부하며 그 방에서 모두 나가라고 명했다. 그들이 모두 가버

리자 [10] 그가 다말에게 '음식을 가지고 깊숙한 곳으로 오라, 그러면 네 손에서 받아먹으마.' 다말은 그녀가 만든 과자를 갖고 깊숙한 데 있는 오빠에게 갔다. [11] 그녀가 과자를 그에게 주었을 때 그녀를 잡고 '누이여, 나와 침상에 눕자.' [12] 그녀가 '아니요, 나의 오빠여, 나를 불명예스럽게 마시오. 이런 일들이 이스라엘에선 아니 되옵니다. 그렇게 파렴치하게 행동하지 마십시오. [13] 내가 어디를 갈 수 있고 내 수치를 감출 수 있습니까? 오빠는 이스라엘에서 가장 치사한 자로 가라앉을 겁니다. 왜 왕에게 나를 위해 간청하지 않습니까? 왕께선 당신이 나와 결혼하는 것을 거절하지 않으실 겁니다.' [14] 그러나 그는 듣지 않았다. 그가 힘으로 제압해 그녀를 강간했다.

[15] 다음에 암논이 지녔던 사랑이 돌변하더니 급격히 그녀에게 '일어나서 가라.' 했다. [16] 그녀가, '아닙니다, 이는 큰 잘못입니다, 나를 이런 식으로 보내면 내게 한 행동보다 훨씬 더 나쁜 겁니다.' 그가 그녀의 말을 들으려 하지 않았다. [17] 그가 그를 시중하는 종을 불러 '이 여자를 내게서 치워라, 밖으로 내보내고 문을 잠그라.' [18] 시종이 그녀를 보내며 문을 잠갔다. 그녀가 긴소매 옷을 입었는데 미혼인 공주들의 평상복이었다. [19] 다말이 그녀의 머리 위에 재를 뿌리고 입은 옷을 찢어 머리 위에 들어 올리고 집에 가는 동안 내내 울었다.

[20] 그녀의 오빠 압살롬이 그녀에게 묻기를 '네가 오빠 암논과 있었지? 이를 네 속에만 간직해라. 그가 너의 오빠다. 이를 마음에 담지 말라.' 외롭게 절망한 다말이 오빠 압살롬의 집에 머물렀다. [21] 왕 다윗이 이 모두를 듣고 매우 노했지만 암논을 다치게 할 수 없

었으니 첫아들인 그를 사랑해서다. ²² 압살롬이 이에 관해 암논과 친하든 아니하든 한 마디 아니 했으나 누이 다말을 수치스럽게 한 것에 그를 증오했다.

²³ 압살롬이 2년 뒤에 왕의 모든 아들들을 에프론Ephron 근처 발 하졸Baal-hazor에서 그의 양털 깎기에 초대했다. ²⁴ 그가 왕을 접견해 '내가 양털을 깎고자 합니다. 전하와 전하의 시종들이 오실 겁니까?' ²⁵ 왕이 '아니다, 내 아들아, 우리 모두 갈 수 없다, 네게 짐이 될 거다.' 압살롬이 그를 졸랐으나 다윗이 여전히 갈 뜻이 없어 그를 축복해 보냈다. ²⁶ 압살롬이 '만일 당신이 못 오면 내 형 암논이 우리에게 올 수 있을까요?' '왜 그가 네게 가야 하냐?' 왕이 물었으나 ²⁷ 압살롬이 다시 왕에게 부탁해 암논이 다른 모든 왕자들과 그에게 가도록 했다.

²⁸ 압살롬이 왕의 잔치에 적합한 잔치를 준비하며 이런 전갈을 그의 종들에게 전하니 '너희가 기회를 노려라, 암논이 포도주에 즐거워할 때 내가 너희에게 말하길 "암논을 쳐라." 하면 그를 죽여라. 너희는 아무것도 두려워할 필요 없다. 이건 명령이다. 잘 지켜 단호히 해라.' ²⁹ 압살롬의 종들이 압살롬의 명령대로 암논에게 행했다. 그로 인해 왕의 모든 아들들이 당나귀들을 타고 도망쳤다.

³⁰ 그들이 돌아가는 동안에 소문이 퍼져 다윗이 들으니 압살롬이 왕자들을 다 죽여 아무도 살지 못했다 한다. ³¹ 왕이 일어나 그의 옷을 찢고 다음엔 바닥에 자신을 던졌다. 그를 둘러 서 있던 모든 종들이 자신들 옷을 찢었다. ³² 그때 다윗의 형 시므야의 아들 요나답이 말하길 '폐하, 모든 어린 왕자들이 살해당했다고 생각지

마십시오. 오직 암논만 죽었습니다. 압살롬이 누이 다말을 암논이 강탈한 후에 늘 찌푸린 얼굴로 다녔습니다.' ³³ 폐하는 모든 왕자들이 죽었다는 소문에 더는 관심 갖지 않아야 합니다.' ³⁴ 압살롬이 그동안에 도망을 잘 칠 수 있었다. 보초를 서던 한 보초가 한 무리 사람들이 호로나임Horonaim 방향 언덕에서 내려오는 것을 보았다. 그가 왕에게 와서 보고하길 '사람들이 호로나임 쪽 언덕에서 이리로 내려오고 있습니다.' ³⁵ 요나답이 왕에게 '이리로 왕자님들이 오십니다, 그들에 대해 말씀 올린 대롭니다.' ³⁶ 그가 말을 마치자 왕자들이 들어와 큰 소리로 울음을 터트렸다. 왕과 모든 신하들이 비통하게 울었다.

³⁷ 압살롬이 피난처를 구해 게슐Geshur의 왕 아미후드Ammihud의 아들 탈마이Talmai에게 갔으니 암논을 위해 왕이 애도할 기간이었다. ³⁸ 압살롬이 게슐에 도망가 3년간 머물렀는데 다윗은 압살롬이 떠난 그리움에 암논의 죽음과 화해하고 싶을 때가 되었다.

사무엘하 14장 '압살롬의 예루살렘 귀환'

¹ 제루이야의 아들 요압이 왕의 마음에 압살롬을 그리워함을 보고 ² 그가 테코아Tekoah에서 현명한 여인 하나를 불러 말하길 '애도하는 사람처럼 가장해라, 조문하는 복장을 입어라, 기름부음을 하지 말고 가라, 수삼 년간 사별한 여인처럼 행동해라. ³ 그렇게 왕에게 가서 내가 네게 말한 그대로 되풀이해라.' 그가 정확하게 그녀가 말할 것을 일러주었다.

⁴ 테코아에서 온 그 여인이 왕의 면전에 가서 바닥에 엎드려 인사

올리고 울면서 '폐하 도와주소서!' 5 왕이 묻길 '무슨 일이냐?' 그 녀가 '나는 과부인데 남편이 죽었습니다. 6 두 아들이 있습니다. 그 들이 시골길을 가다가 멈추었는데 그들을 말릴 아무도 없는 데였 습니다. 그 하나가 다른 하나를 쳐 죽였습니다. 7 폐하, 지금 친척들 이 내게 맞서 요구하길 "그 형제를 죽인 하나를 넘기시오. 그래서 우리가 그를 형제의 생명을 취한 대가로 죽여 승계할 수 없게 하겠 소." 만일 그들이 그리 하면 내 마지막 남은 잿불을 그들이 꺼버려 내 남편은 지상에 이름도 후손도 없을 겁니다.' 8 '집으로 가라.' 왕 이 그녀에게 말하며 '내가 너의 경우에 조치를 취해주마.' 하였다.

9 그런데 그녀가 계속 '죄는 내게 있습니다, 그리고 내 아버지 집 에 있습니다. 왕과 그 왕좌에 비난이 없게 하소서,' 10 왕이 말하길 '만일 누군가 너에게 더 이상 뭐든 말하면 그를 내게 데려오라, 그 가 다신 너에게 말썽부리지 않도록 하리라.' 11 그래도 여인이 계속 '폐하, 당신의 하나님을 부르시어, 가까운 친척이 그들의 그 악한 행동으로 내 아들을 죽이려는 것을 막아 주십시오.' 왕이 맹세하 길 '하나님께서 살아계신 한 네 아들 머리카락 한 올도 땅에 떨어 지지 않을 것이다.'

12 여인이 다음에 말하길 '폐하, 부디 한 말씀 더 올려도 되겠습 니까?' '계속 해보라.' 왕이 말했다. 13 그래서 그녀가 계속 '그럼 어 째서 이가 폐하의 머리에 들어가선 하나님 백성들에게 똑같은 잘 못을 하십니까? 당신이 선언한 결론에 따르면 폐하, 당신은 당신이 저버린 그 아들 하나를 데려오는 것을 거부하며 자신을 책망하십 니다. 14 우리는 모두 죽습니다. 우리는 땅 위에 엎질러진 물과 같이

사라집니다. 그러나 하나님께서는 유배당한 범법자를 지키려 스스로를 지키지 않는 그 남자는 남겨두실 겁니다.

¹⁵⁻¹⁶ '나는 폐하에게 이 말씀을 드리러 온 겁니다. 왜냐면 백성들이 나를 위협해서입니다. 내 생각에 "오직 내가 왕께만 말씀드릴 수 있다면 아마도 그가 내 경우에 관심을 가지시리라. 왜냐면 그가 들으시고 나를 죽이려고 찾는 누구에게서든 나와 내 아들과 함께 하나님 자신의 소유에서 구해주시리라." ¹⁷ 또한 폐하인 왕의 말씀들은 내게 위로가 될 것인즉 폐하는 하나님 천사와 같이 옳고 그른 것의 사이를 결정하시리라 생각했습니다. 주 하나님께서 당신과 함께하시기를!'

¹⁸ 왕이 여인에게 '내게 거짓말 말라, 내 너에게 지금 질문 하나 하겠다.' '폐하, 말씀하십시오,' 그녀가 말했다. ¹⁹ 왕이 묻길 '너의 모든 이야기 뒤에 요압의 손이 있냐?' '폐하, 그렇습니다!' 그녀가 답했다. '폐하께서 질문하실 때 이를 빠져나갈 길은 오른쪽이나 왼쪽 아무 데도 없습니다. 예, 당신의 종 요압이 나를 부추겼습니다. 이 모든 이야길 내 입에 넣은 것은 요압입니다. ²⁰ 그가 이 사건의 새 국면을 주었습니다. 폐하는 하나님 천사처럼 현명하시고 지상에서 생긴 모든 일을 아십니다.'

²¹ 왕이 요압에게 말하길 '네가 나를 만족하게 했다. 가서 젊은 압살롬을 데려 오라.' ²² 그래서 요압이 겸손히 자신을 엎드리며 왕의 면전을 축복으로 떠나며 '이제 내가 왕의 은총을 알았습니다. 왜냐면 당신이 나의 작은 청원을 허락하셔서입니다.' ²³ 요압이 즉시 게술에 가서 압살롬을 데려왔다. ²⁴ 그러나 왕이 말하길 '그가 그 자

신의 거처로 가게 하라, 내 면전에 오지 않게 하라.' 그래서 압살롬이 자신의 거처를 고치며 왕의 면전에는 오지 않았다.

²⁵ 온 이스라엘 중에 그 아름다움에서 압살롬만큼 추앙받는 자가 아무도 없었다. 머리꼭지부터 발바닥까지 흠이 없었다. ²⁶ 그 머리를 자를 때(매년 해야 될 일이니 숱이 많아 무거웠기 때문이다) 궁중 표준으로 이백 세겔의 무게가 나갔다. ²⁷ 압살롬에게 아들 셋이 태어나고 딸 하나는 다말Tamar이라 이름 지었는데 매우 아름다운 여인이었다.

²⁸ 압살롬이 예루살렘에 2년 살 동안 왕의 면전에 들지 못했다. ²⁹ 그래서 그가 요압을 불러 왕에게 전갈을 보낼 의도로 사람을 두 번이나 보내도 거절당했다. ³⁰ 압살롬이 그의 종들에게 '요압의 밭이 내 밭 옆이고 보리를 기르니 가서 그 밭에 불을 지르라.' 압살롬의 종들이 밭에 불을 지르자 ³¹ 요압이 속히 거처에 있는 압살롬에게 와서 '왜 네 종들이 내 밭에 불을 질렀냐?' ³² 압살롬이 '당신을 여기 오게 해서 왕에게 내 전갈을 전하길 청하려 했소. "왜 내가 게술을 떠났습니까? 내가 거기 있는 게 더 좋았을 겁니다. 내가 지금 폐하 면전에 갈 수 있게 하고 잘못했다면 죽게 해주시오."' ³³ 요압이 왕에게 와서 말하자 압살롬을 부르게 해서 그가 겸손히 엎드려 왕이 그에게 입맞춤으로 인사했다.

사무엘하 15장 '압살롬의 배반'

¹ 이후에 압살롬이 마차와 말과 오십 명의 가마 수행자를 마련했다. ² 그는 이들을 일찍 일어나게 해서 시의 문을 통과하는 길에 대

기시켜 왕 앞에 판단해주길 청하러 가는 자들 누구에게나 인사하고 먼저 그에게 어느 마을에서 오는가를 물었다. 그가 답하길 '나는 이러저러한 데서 온 이스라엘의 한 족속입니다, 주인님.' ³ 압살롬이 그에게 말하길 '나는 네가 아주 좋은 처지임을 볼 수 있으나 너는 왕에게 아무것도 들을 수 없을 거다.' ⁴ 덧붙여 '만일 내가 땅에서 심판자로 임명받았다면 누구든지 소송이나 기소하는 자가 내게 판단받는 것이 나의 일임을 알 거다.'

⁵ 한 남자가 그에게 와서 엎드릴 때마다 압살롬이 그의 손을 뻗어 그를 잡고 말하고 그에게 입맞춤했다. ⁶ 이렇게 행함으로 모든 이스라엘 사람들에겐 압살롬이 왕의 심판으로 보여 왕에게서 백성들의 사랑을 훔쳐갔다.

⁷ 압살롬이 4년이 지나 왕에게 말하길 '헤브론에 가서 거기서 하나님께 서약하게 해 주시오. ⁸ 내가 아람Aram의 게슐에 살 때 맹세하길 "하나님께서 예루살렘에 돌아가게 해주시면 하나님을 헤브론에서 경배하겠습니다."' ⁹ 왕이, '가도 된다.' 고로 그가 출발해 헤브론에 갔다.

¹⁰ 압살롬이 주자들runners을 시켜 이런 전갈을 온 이스라엘 족속에게 보냈다. '너희가 나팔 소리를 듣자마자 곧 말해라, "압살롬이 헤브론에서 왕이 되었다."' ¹¹ 예루살렘에서 200명의 사람들이 동행했으니 그들이 손님들로 초대받아 모두 순진하게 가서 그 사건 내막은 그 무엇도 모른 채였다. ¹² 압살롬이 또한 다윗의 자문인 길로Gilonite족인 아히토펠Ahithophel을 불렀는데 그의 마을 길로에서 전통 제사를 올리던 중이었다. 그 음모에 힘이 모여 압

살롬 지지자들 수가 증가했다.

¹³ 한 전달자가 다윗에게 그 소식을 전해 이스라엘 남자들의 충성이 압살롬에게 옮겨갔다고 전했다. ¹⁴ 왕이 예루살렘에 그와 있던 사람들에게 '우리가 즉시 도망해야겠다, 아니면 우리 중 누구도 압살롬에게서 피할 수 없을 거다. 서둘러라, 그가 곧 우리에게 닥쳐 재난을 가져와 도시가 칼에 놓일 거다.' ¹⁵ 왕의 종들이 말하길 '폐하가 최상으로 생각하신 무엇이든 준비되었습니다.' ¹⁶ 왕이 출발하니 모든 그의 가족들이 따랐는데 예외로 열 명의 첩들에겐 궁전 책임을 지게 남겼다.

¹⁷ 먼 집Far House에서 왕과 함께한 모든 사람이 멈췄다. ¹⁸ 그의 시종들이 옆에 있고 케레티트Kerethite와 펠레티트pelethite가 호위를 600명의 기타이트 족Gittite과 이타이Ittai가 왕의 뒤에서 행군했다. ¹⁹ 왕이 기타이트 족속인 이타이에게 '왜 네가 우리와 함께 가나? 돌아가 새로운 왕과 같이 머물러라, 왜냐면 너는 이방인이고 무엇보다 너 자신의 나라에서 도망치는 일이어서다. ²⁰ 오직 네가 어제 왔고 어디로 가는지도 모르는 오늘 내 방랑에 함께하자고 강요할 수 있겠냐? 너와 함께 네 고향 사람들과 돌아가라. 하나님께서 항상 너희의 꾸준한 친구이시길.' ²¹ 이타이가 '하나님께서 살아 계신 것처럼 당신 생명이 그 위에 있는데 당신이 있는 어디든 내가 살든 죽든 당신 종으로 거기 있을 겁니다.' ²² 다윗이 이타이에게 '그 참 고맙구나, 계속 행군하자!' ²³ 그 시골 마을 전체에 그들 울음소리가 울려 퍼졌다. 왕이 앞에 난 광야의 올리브 나무 길로 모든 사람들이 키드론kidron 분지wadi를 건너는 동안 서서 남아 있었다.

²⁴ 자독Zadok 역시 거기에 있고 모든 레위족도 같이 하나님 언약궤를 운반했다. 그들이 언약궤를 아비아달Abiathar 곁에 내려서 모든 군사가 도시를 나오기까지 있었다. ²⁵ 왕이 자독에게 말하길 **'하나님 궤를 그 도시 안으로 모셔가라. 만일 내가 주님께 은혜를 찾으면 그분께서 나를 데려오시어 그 궤를 보게 하시리니 이를 다시 그 거주하신 장소로 모셔라.** ²⁶ **그러나 만일 그분께서 나를 원치 않으신다 말씀하면 나는 여기 있겠다. 그분께서 나에게 좋으실 대로 하시게 하자.'** ²⁷ 왕이 제사장 자독에게 계속 말하길 '네가 예언자 아니냐? 너는 안전히 도시로 돌아가리니 너와 아비아달, 너와 같이 있는 두 젊은이 네 아들 아히마즈Ahimaaz와 아비아달의 아들 요나단과 같이 가라. ²⁸ 내가 광야the Wilderness의 여울the Fords에서 네가 연락하기까지 기다리겠다.' ²⁹ 고로 자독과 아비아달이 하나님 궤를 예루살렘에 모셔가 거기 머물렀다.

³⁰ **다윗이 올리브 동산 언덕the slope of the mount olives에 올라가 울었다. 그가 맨머리에 맨발이었다.** 같이 있던 사람들이 모두 맨머리를 하고 그가 갈 때 울었다. ³¹ 다윗이 아히토펠Ahitophel이 압살롬과 반역자들 사이에 있음을 듣고 기도하길 **'주님, 아히토펠 상담이 실패하게 해주십시오.'**

³² 다윗이 그 산등성이 꼭대기에 이르기까지 하나님께 스스로 포복하는 관습이 있었는데 알카이트Archite 족의 후사이Hushai가 옷은 찢기고 머리엔 먼지를 쓰며 그리로 그를 만나러 왔다. ³³ 다윗이 그에게 말하길, '네가 나와 함께하면 방해가 될 거다. ³⁴ 그러나 네가 나를 도우려면 아히토펠의 계획을 좌절시킬 수 있으니 네

가 그 도시로 돌아가서 압살롬에게 말하길 "나는 폐하의 종이 되겠습니다. 과거에는 당신 아버지 종이었으나 지금은 당신 종이 될 겁니다." 35 네가 그리 되면 네가 제사장 자독과 아비아달을 아니까 그들에게 그 왕궁에서 듣는 모든 것을 내게 보고해라. 36 그들에게 자독의 아들 아히마즈와 아비아달의 아들 요나단이 있으니 그들을 통해 네가 들은 모든 것이 내게 전해질 거다.' 37 그래서 다윗의 친구 후사이가 압살롬이 예루살렘에 들어갈 때 그 도시로 갔다.

생각할 점

다음의 두 내용이 삼하 13-15의 주제다.

첫째, 나단의 예언대로 다윗 집안의 분쟁이 시작한다.

둘째, 다윗의 불의로 인한 참사의 계속이다. 다윗이 그런 과정들 처리와 그 후속 조치들에 관한 내용이다.

첫째 문제가 '압살롬의 이복형 암논 살해와 다윗의 처신'이다.

성서가 일찌감치 근친상간 문제를 심도 있게 논한다.

기원전 천여 년 전 기록이지만 인간사에서 겉으로 드러나지 않고 끊이지 않는 악의 깊은 요소가 이런 일이다.

다윗의 맏아들이 신중치 못하고 본능에만 몰입한 천박한 자임을 드러낸다. 그가 배다른 동생 압살롬의 여동생 다말을 짝사랑해 사악한 사촌형 사주대로 근친상간을 저지른다.

이 사건의 피해자 다윗의 딸 다말이 용감하고 현명함을 보여준다. 자신의 비참한 정황을 즉시 공개해 남성 위주 선민 사회에 크게 항거한다. 그때나 지금이나 음습한 성폭력 희생자인 여성들은 가족에게조차 고하지 못하고 평생을 심한 후유증에 시달린다고 한다. 다말이 대단히 올곧고 대찬 성품임을 보여준다. 그녀가 사람들 소문과 비방보다는 하나님 앞에 부끄럼 없기를 원했기 때문이다.

다윗이 이를 유의했어야 했다.

이런 누이 다말을 맞이하며 그 오라비 압살롬의 참담한 심중이 어떠했으랴. 그 누이를 공주의 집이 아닌 자신 집에 머무르게 하며 위로한다. 두 남매가 부친과 형인 암논의 사과와 후속 조치의 추이를 지켜보며 기다렸으리라.

그런데 별일 아니라는 듯이 아무런 위로 없이 지나치니까 그 형과 부친을 향한 증오심이 속 깊이 쌓여갔으리라.

어찌 보면 그 아름다운 누이 다말이 이로 인해 폐인으로 평생을 살았을 수 있어서다. 그 이유는 압살롬의 자녀가 3남 1녀로 그 딸 이름이 다말이며 아름답다고 해서다. (삼하14:27)

다윗이 어째서 그들 남매에게 그리 행하였는가.

이 기사는 다윗이 남녀차별에다 장유유서의 불공평한 처사를 자식들에게 행했다는 기록으로 보인다. 암논이 첫아들이라 다윗이 사랑해서 그런 불륜을 그냥 놓아두었다니. 그런 처사가 전혀 다윗답지 아니하다.

다윗 자신이 8형제 막내로서 하나님 택함을 받았다.

그런 그 자신이 뭔 장자 우위론자마냥 맏아들 암논의 치사한 사건을 덮어두었는가.

압살롬이 이들에게 복수한다. 2년간의 기회를 찾아 뜻을 이룬다.

카인, 아벨의 형제간 참극이 다윗의 아들들에게도 생긴 셈이다. 물론 이들과는 양상이 전혀 다르지만 가족 간 근친상간 문제인 갈등의 앙금은 없애야 한다. 만일 있다면 서로가 진심으로 털어놓고 충분히 깊이 사죄해야 한다.

하나님의 계명인 '살인하지 말라'는 인간이 사악하기에 내려주신 어려운 법임을 이로써 이해할 수 있다.

자식들의 그러한 참극을 겪는 다윗 심경이 어떠했으랴.

둘째 문제는 '압살롬의 무모한 왕권 도전'이다.

이복형을 살해하고 이스라엘에서 도망친 압살롬이 3년간 이방 땅에 살다가 다윗이 그를 그리워해서 예루살렘 근처로 돌아온다. 그 2년 후에 부친 다윗과 면대한다.

그런 다음 4년간을 압살롬이 부친 왕권을 대신하며 민심 이탈이반 행위가 이어지더니 급기야 헤브론에서 왕권 선언까지 한다. 그가 쿠데타를 일으킨 셈이다.

다윗이 왕궁에서 즉시 피신을 결정한다. 그의 가솔들, 궁정 신하들, 군사들이 함께 예루살렘을 떠난다.

이때 다윗의 호위 군사들이 600명의 이방 족속 출신들임을 눈

여겨볼 필요가 크니 다음과 같다.

기타이트Gittite 족인 이타이Ittai와 알카이트 족인 후사이 Hushai에게서 다윗이 따뜻한 위안과 도움을 받는다.

그들은 자신의 아들 때문에 왕궁서 도망치는 늙은 다윗을 따라 나서는 충성심을 보여준다. 다윗 휘하에서 왕의 진실함을 평생 보았기에 죽음을 각오하고 나섰으리라.

다급한 상황임에도 그들을 잘 알기에 다윗이 소수 충신들이 해야 할 일을 일러준다. 이로써 다윗이 그런 위기 상황에 긴급 조치를 취하는 노련한 전략가이자 행정가임을 보여준다.

삼하15:30-31의 기사는 다윗이 맨머리에 맨발로 올리브 산에 올라가며 울었다. 예루살렘 성에서 도망치려면 그리로 가야만 했던 듯하다. 얼마나 비통한 심정이었을까!

그런데 왜 하필 올리브 산인가?!

그 와중에도 다윗이 **하나님 언약궤**를 예루살렘에 도로 모셔가라며 제사장 자독에게 이른다.

'**하나님께서 허락하시면 다시 언약궤를 모실 수 있게 자신을 예루살렘으로 불러들이실 터이고 아니면 그냥 자신은 도망친 자리에서 지내리라.**' 말한다.

다윗이 하나님 언약궤를 모신 예루살렘을 돌아보고 떠나려고 올리브 산 위로 올랐으리라.

이에서 다윗 왕(BC 1010-970)보다 구백여 년 후에 세상에 오신 구세주 예수의 세상 마지막 밤 기도를 떠올린다.

주께서 기도하신 겟세마네Gethsemane가 당시 올리브기름을 짜던 데로 올리브 나무가 많던 데다. (마26:36-46)

다윗의 이 기사를 다음처럼 생각해 볼 수 있다.

다윗이 맏아들 암논을 잃고 또 그를 죽인 둘째 아들 압살롬에겐 배신당하는 참극의 경지다.

하나님께선 혹시 다윗이 그 자신의 자식들로 인한 고통에서 다윗 후손에서 나오게 하실 예수 그리스도의 그림자를 미리 우리들에게 예시하신 일이 아니신가.

왜냐면 선민들이란 하나님께서 택하시고 인류 중에서 가장 먼저 사랑하신 하나님의 장자에 속해서다. 선민들이 하나님 말씀을 무시하고 제멋대로들 살아감에도 하나님께선 그들을 계속하는 징벌을 내리면서도 아끼고 사랑하셔서다.

이는 제멋대로 나가는 다윗 아들들과 비슷해서다.

하나님께서 다윗을 사랑하셨고 그의 후손에서 나오게 하실 메시아 예고를 위한 일 같다.

다윗이 자식들로 인해 겪는 심한 고통을 그만이 아니라 하나님을 찾는 자들에게도 모두 일러주시는 듯하다.

믿음의 조상 아브라함이 하나님 약속에 의해 낳은 외아들 이삭을 하나님께 바치라고 하시지 않았는가! (창 22장)

하나님께서 선민들로 인해서 인류를 위한 거룩하신 조치를 취하실 수밖에 없으셨다는 생각으로 이끌어가려는 기사들로 보인다.

　인류의 영원한 생명을 되돌리는 일은 인류가 아닌 우주를 창조하신 하나님의 권능이시다.

　동시에 신성과 인성을 지니고 스스로 하늘에서 세상에 오신 하나님 예수 그리스도의 권능이시다.

　인류가 성부와 성자의 권능을 믿고 행하며 살게 하는 일은 성령의 권능이시다.

사무엘하 16장

삼하16:1 다윗이 산등성이로 한참 이동하다 므비보셋의 종 지바 Ziba를 만났는데 당나귀 한 쌍에 빵 200덩어리, 건포도 100뭉음, 여름 과일 100뭉치, 포도주 한 부대를 운반해 왔다. ² 왕이 묻길 '이게 어찌된 거냐?' 지바가 '나귀들 위의 것은 왕의 가족들을 위하여 빵과 여름 과일들은 시종들이 먹게 포도주는 누구든 광야에서 지친 자를 위한 겁니다.' ³ 왕이 묻길 '네 주인의 손자는 어디 있냐?' '그는 예루살렘에 머뭅니다.' 지바가 '지금 이스라엘 사람들이 조부의 왕국을 그에게 돌려주리라 생각해서입니다.' ⁴ 왕이 지바에게 '네가 므비보셋에게 속한 건 무엇이든 가지리라.' 지바가 '주인님, 나는 하찮은 당신 종입니다. 항상 폐하의 은총을 받게 해주십시오.'

⁵ 다윗 왕이 바우림Bahurim에 이르렀을 때 사울 가문인 게라 Gera의 아들 시메이Shimei란 자가 나와서 내내 저주했다. ⁶ 그가 다윗과 왕의 시종들, 군인들과 백성들 모두에게 똑같이 좌우에서 돌멩이를 퍼부었다. ⁷ 시메이가 저주하며 외치길 '저리 가라 저리 가, 죽어야 할 악당들아! ⁸ 하나님께서 너희에게 사울 가 왕좌의 피의 복수를 하여 왕국을 네 아들 압살롬에게 주셨다. 너는 살인자니 너의 범죄가 어떻게 핍박받는가를 보라!'

⁹ 제루이야의 아들 아비새가 왕에게 '폐하, 어찌하여 이 죽은 개

와 같은 자가 저주하게 두십니까? 내가 건너가서 머리를 쳐 버리겠습니다.' ¹⁰ 그러나 왕이 '이게 우리와 무슨 상관이냐, 너 제루이야의 아들들아? 그의 저주가 혹시 하나님께서 다윗에게 하라고 그에게 말씀하신가를 누가 알겠느냐?' ¹¹ 다윗이 아비새에게 말하며 그의 모든 시종들에게도 **'바로 나 자신의 아들이 나를 죽이려 하는데, 누가 이 벤저민 사람에게 물어보겠냐? 그를 놓아두라, 저주하게 두라. 하나님께서 그에게 말하라고 하셨기 때문이리라.' ¹² 아마도 하나님께서 내 고통을 주시하시어 이날에 내게 내린 그 저주 대신에 축복을 내리실 수 있으리라.'** ¹³ 다윗과 그의 사람들이 계속 가는 동안 시메이는 다윗의 길과 나란히 그 언덕 등성이를 따라가며 저주하고 골짜기 건너로 돌들을 던져서 그가 먼지를 뒤집어썼다. ¹⁴ 왕과 백성들이 그처럼 요단에 이르자 거기서 쉬었는데 그들 모두가 지쳐서다.

¹⁵ 그때까지 압살롬과 모든 이스라엘인들이 예루살렘에 이르고, 아히토펠이 그와 함께 있었다. ¹⁶ 다윗의 친구인 알카이 사람 후사이가 압살롬을 만났을 때 말하기를 '왕이시여, 만수무강하소서! 만수무강하소서!' ¹⁷ 그러자 압살롬이 항변하길 '이는 네 친구에게 하는 충성이냐? 왜 너는 그와 같이 가지 않았냐?' ¹⁸ 후사이가 '왜냐면 나는 하나님께서, 백성들, 온 이스라엘 남자들이 택한 분에게 속하기에 그와 같이 머물 겁니다. ¹⁹ 결국 나는 어느 분을 섬겨야 합니까? 아들을 섬기면 안 됩니까? 나는 당신을 당신 부친을 섬기듯 할 겁니다.'

²⁰ 압살롬이 아히토펠에게 '네가 내게 충고해라, 어떻게 우리가 행동할까?' ²¹ 아히토펠이 '너의 부친이 궁정을 책임지라고 남겨둔 그의 첩들과 누워라. 그러면 온 이스라엘이 네가 부친을 크게 거스른 이

유를 들을 것이고 이로써 네 추종자들에게 결단을 확고히 하게 하리라.' ²² 그래서 그들이 압살롬을 위해 지붕 위에 장막을 쳐서 온 이스라 엘이 보는 앞에서 그가 부친의 첩들과 눕게 했다.

사무엘하 17장

¹ 아히토펠이 압살롬에게 말하길 '오늘 밤 다윗을 추적하게 12,000 명을 뽑아 주시오. ² 만일 내가 그를 앞질러 그가 지쳐서 정신없을 때 백성들에게서 그를 갈라낸다면 모두가 흩어질 겁니다. 나는 오직 왕만 죽일 겁니다. ³ 나는 당신께 오는 한 남편의 신부처럼 온 백성을 데려오 겠습니다. 당신이 찾는 건 오직 한 남자의 생명입니다. 나머지 백성들은 모두 해치지 않겠습니다.' ⁴ 압살롬과 모든 이스라엘 장로들이 아히 토펠의 충고에 찬성했는데 ⁵ 압살롬이 '지금 알카이족 후사이를 소 환해 그가 하고자 하는 말을 또한 우리가 들어보기로 하자.' ⁶ 후사 이가 오자, 압살롬이 아히토펠이 한 말을 그에게 하고 묻길, '그가 충고한 대로 우리가 행하랴? 혹시 아니라면 말해 보라.'

⁷ 후사이가 압살롬에게 '한마디로 아히토펠이 준 충고는 좋지 않습니 다. ⁸ 당신은 압니다,' 계속 말하길 '당신 부친과 있는 사람들은 강한 전 사들로 새끼들을 잃은 암곰처럼 난폭합니다. 당신 부친은 용맹하고 노 련한 나이 든 전사라 주력부대와 밤을 지내진 않을 겁니다. ⁹ 심지어 지 금도 그는 한 구덩이 속에 숨어 눕거나 그런 어떤 장소에 있을 겁니다. 그래서 만일 당신 사람들 중 누군가 그 바깥에서 죽으면 누구든 듣고 서 이 소식을 전하길 "압살롬의 추종자들에게 재난이 닥쳤다." 할 겁니 다. ¹⁰ 그러면 사자처럼 용맹한 대부분의 단호한 용기가 부하들에게서

사라질 것인즉 왜냐면 온 이스라엘이 당신 부친이 뛰어난 전사이며 그의 전사들은 훈련된 사람들임을 알기 때문입니다.

11 여기 나의 제안이 있습니다. 전체 이스라엘이 단에서 브엘쉐바까지 당신 주위에 낟알이나 해안의 모래처럼 셀 수 없이 모이기까지 기다리시오, 다음에 그들과 같이 스스로 전투에 나가시오. 12 우리가 그가 어디로 가든 그가 있을 곳에 가서 그에게 땅 위의 이슬처럼 군사들이 내리게 하여 그의 가족의 한 남자도 한 사람의 추종자도 살아남지 못하게 할 겁니다. 13 만일 그가 한 마을로 퇴각하면 온 이스라엘이 거길 밧줄로 감아서 우리가 한 골짜기로 끌고 가서 돌 하나도 그 장소에서 찾을 수 없게 할 겁니다.' 14 압살롬과 온 이스라엘이 말하길 '후사이가 우리에게 준 충고가 아히토펠의 것보다 더 낫다.' **이는 하나님의 목적이니 아히토펠의 좋은 충고를 혼란하게 해서 압살롬에게 재난을 가져오게 하시려는 거였다.**

15 후사이가 제사장 자독과 아비아달에게 아히토펠이 압살롬과 이스라엘 장로들에게 준 충고와 그 자신이 충고한 걸 말했다. 16 **'지금 빨리 다윗에게 전하시오,'** 그가 말하길 **'광야의 여울에서 그 밤을 보내지 말라고 그에게 경고하고 즉시 강을 건너 그 충격이 그와 그 추종자들에게 미칠 수 없게 하시오.'** 17 요나단과 아히마즈가 엔 로젤En-rogel에서 기다리고 있으면 한 여종이 가서 그들에게 생긴 일을 말하여 이를 다윗 왕에게 가져가게 하곤 하였다. 왜냐면 그들이 감히 그 도시에 드나들다 들킬 모험을 피하기 위해서다. 18 그런데 한 사내가 그들을 보고 압살롬에게 말했다. 그래서 그들 둘이 서둘러 바우림에 가서 마당에 우물이 있는 한 남

자 집에 가서 그 안으로 내려갔다. ¹⁹ 그 남자의 아내가 그 위에 뚜껑을 덮고 곡식 낟알을 펼쳐놓아 아무것도 주의하지 못하게 했다. ²⁰ 압살롬의 부하들이 그 집에 와서 여인에게 묻길 '아히마즈와 요나단이 어디로 갔느냐?' 그녀가 답하길 '그들이 연못을 지나갔습니다.' 남자들이 찾았지만 발견할 수 없어 예루살렘으로 돌아갔다. ²¹ 그들이 가자마자 우물에서 기어 올라와 왕에게 보고하러 떠났다. 그들이 그에게 '즉시 강물을 전속력으로 건너시오!' 아히토펠의 계획에 그가 대항하게 전했다. ²² 다윗이 즉시 요단을 건너 새벽까진 아무도 남지 않고 다른 기슭에 닿았다.

²³ 아히토펠이 그의 충고가 취해지지 않자 자신의 당나귀를 타고 자신의 마을로 곧장 가서 마지막 지시를 가족들에게 남긴 다음에 목을 매달았다. 그렇게 그가 죽자 그의 부친 무덤에 급히 묻었다.

²⁴ 압살롬이 이스라엘 백성과 같이 요단강을 건널 그 시간까지, 다윗은 벌써 마하나임Mahanaim에 있었다. ²⁵ 압살롬이 아마사Amasa를 요압의 자리인 총사령관에 임명했다. 그는 이트라Ithra 란 자의 아들로 나하스Nahash의 딸 아비갈Abigal과 요압의 모친 제루이야의 자매로 이스마엘 족Ishmaelite이다. ²⁶ 압살롬과 이스라엘 족이 길렛Gilead 지역에 진을 쳤다.

²⁷ 다윗이 마하나임에 왔을 때 나하스Nahash의 아들 쇼비Shobi가 암몬 족Ammonite 마을 랍바Rabbah에서 로데바Lo-debar에선 아미엘Ammiel의 아들 마커Machir, 로젤림Rogelim에선 길렛 족Gileadite인 바질라이Barzilai가 그를 만나려고 매트리스와 담요 그릇들과 항아리들을 가져왔다. 그들이

또한 밀과 보리 가루, 볶은 곡식, 콩 종류들, 꿀과 굳은 우유, 양과 살찐 가축을 가져와 다윗과 그의 백성들에게 먹도록 제공해 백성들이 광야에서 약해져 굶주리고 목마르지 않게 했다.

사무엘하 18장

[1] 다윗이 그의 군대를 다시 살펴 1,000명 단위, 100명 단위로 장교들을 임명했다. [2] 그가 군대를 셋으로 나누어 한 군단은 요압 사령관 휘하에 두 번째는 제루이야의 아들 요압의 동생 아비새 휘하에 세 번째는 기타이트 족 이타이 휘하에 두었다. 왕이 군사들에게 선언하길 그 자신이 그들과 함께 나간다고 했다. [3] 그러나 그들이 말하길 '아니오, 그래선 아니 됩니다, 만일 우리가 도망치면 아무도 보호해주지 않을 겁니다, 아니면 그들이 심지어 우리 절반을 죽일 겁니다. 그러니 당신은 우리에게 만 배의 가치가 있습니다. 우리에겐 지금 당신이 마을에 남아 우릴 지지하는 편이 훨씬 좋습니다.' [4-5] 왕이 '나는 너희들이 최고라 생각하는 대로 할 거다.' 그가 문 옆에서 모든 군사가 100명씩, 1,000명씩 행군할 동안 서 있으며 요압, 아비새, 이타이에게 이런 명령을 주었다. '나를 위해 젊은 압살롬을 부드럽게 대해라.' 전 군사가 압살롬에 관한 명령을 각 장교들에게 왕이 주는 걸 들었다.

[6] 군대가 이스라엘인들과 대치하는 들판을 택해서 전투가 에프론Ephron 숲에서 벌어졌다. [7] 거기서 이스라엘인들이 추적을 당해 다윗 부하들의 맹공격에 많은 생명을 잃어 20,000명이 쓰러졌다. [8] 전투가 그 지방 전체에 퍼져 그 숲은 그날 사람보다 더 많은

칼을 모았다.

⁹ 압살롬이 몇몇 다윗의 부하들 시야에 잡혔다. 그가 노새를 타고 큰 참나무 아래로 지나다 그의 머리가 그 가지들에 걸려 공중에 매달렸는데 그의 노새는 그 아래로 가버렸다. ¹⁰ 이를 본 부하들 중 하나가 요압에게 '압살롬이 한 참나무에 매달려 있는 걸 보았습니다.' ¹¹ 그가 말하는 동안 요압이 끼어들어 '네가 그를 보았냐? 왜 너는 그를 거기 땅바닥에 내치지 않았냐? 내, 너에게 은 10냥과 허리띠를 주었을 텐데.' ¹² 그 부하가 '만일 당신이 내게 은 1,000냥을 줄지라도 손가락 하나도 왕의 아들에겐 대지 않겠습니다. 우리 모두 왕께서 당신과 아비새와 이타이에게 말한 젊은 압살롬을 보호하란 명령을 들었습니다. ¹³ 만일 내가 그에게 배신의 타격을 가하면 왕이 곧 알게 될 터이고 당신은 여기서 잘 벗어나 있을 겁니다.' ¹⁴ '그건 거짓말이다!' 요압이 말했다. '내가 시작해 네게 보여줄 테다.' 그가 투창 세 개를 집어 그걸 압살롬의 가슴에 던졌으니 아직 살아서 나무를 잡고 있을 때다. ¹⁵ 그러자 요압의 무기짐꾼 젊은 10명이 압살롬에게 다가가 그를 쳐 죽였다. ¹⁶ 요압이 나팔을 울려 군대가 이스라엘 추격에서 돌아오게 하여 그들이 멈추게 했다. ¹⁷ 그들이 압살롬의 시신을 숲의 큰 구덩이에 던지고 그 위에 돌들로 큰 돌무덤을 세웠다. 이스라엘인들 모두 그들 집으로 도망쳤다.

¹⁸ 압살롬이 생전에 왕의 계곡에 기둥 하날 세우고 '나는 이름을 전할 아들이 없다.' 그 기둥에 자신 이름을 붙여 이날까지 압살롬 기념비라 불린다.

¹⁹ 자독의 아들 아히마즈가 말하길 '내가 달려가 왕에게 하나님께서 그에게 복수하여 그의 적들에게서 구원하셨단 소식을 전하겠습니다.' ²⁰ 그러나 요압이 '이날은 네가 소식을 전할 날이 아니다. 다른 날 네가 소식을 전할 수 있을 거다, 오늘은 아니다, 왜냐면 왕의 아들이 죽어서다.' ²¹ 요압이 한 쿠시족에게 왕에게 가서 그가 본 것을 보고하라고 말했다. 쿠스인이 요압에게 절하고 달려서 출발했다. ²² 아히마즈가 요압에게 다시 청하길 '어찌하든 쿠스인을 뒤쫓아 달려가게 해 주십시오.' '아들아, 왜 그러냐?' 요압이 물으며, '그 소식으로 네가 상 받을 게 없을 거다.' ²³ '무엇이든 간에요,' 그가 '가게 해주세요.' '가라, 그럼.' 요압이 말했다. 그래서 아히마즈가 달리니 요단 평야를 가로지른 길로 가서 쿠스인을 앞질렀다.

²⁴ 다윗은 안쪽 문과 바깥문들 사이에 앉아 있었고 파수꾼이 그 마을 성벽 옆 문간 망루 지붕에 올라가 있었다. 한 남자가 혼자 달려오는 걸 보자 ²⁵ 파수꾼이 왕을 불러 그에게 말했다. '만일 그가 혼자면,' 왕이 말하길 '그땐 그가 소식을 가지고 오는 거다.' 그 남자가 가까이 오는데 또 다른 남자가 달려오는 걸 파수꾼이 보았다. ²⁶ 그가 문안으로 내려가 부르며 '보세요, 저기에 또 다른 남자가 혼자 달려오고 있습니다.' ²⁷ 파수꾼이 '그런데 처음 달려오는 자는 자독의 아들 아히마즈입니다.' 왕이 말하길 '그는 선한 사람이니 좋은 소식을 보답으로 받아야 한다.'

²⁸ 아히마즈가 왕에게 외치길 '모든 것이 잘 되었습니다!' 그가 그 앞에 낮게 엎드려 절하며 말하길 '당신의 신 하나님께선 축복

받으시길 폐하께 반역한 사람들을 당신 손안에 주셨습니다.' ²⁹ 왕이 묻길 '젊은 압살롬이 잘 있느냐?' 아히마즈가 답하길 '폐하, 당신의 종 요압이 저를 보낼 때 큰 소요가 있었지만 무슨 일인지를 모릅니다.' ³⁰ 왕이 그에게 한 옆에 서 있으라 하여 그가 기다렸다.

³¹ 그때 쿠스인이 들어와 말하길 '나의 임금님께 좋은 소식을! 하나님께서 이날 당신을 거역한 모든 자들에게 복수하셨습니다.' ³² 왕이 쿠스인에게 말하길 '젊은 압살롬은 잘 있느냐?' 쿠스인이 답하길 '모든 왕의 적들과 당신을 해하려 한 모든 반역자들이 그 젊은이처럼 되기를요.' ³³ 왕이 깊은 충격으로 문 위의 다락방으로 올라가 울며 계속 외치길 '오, 내 아들! 압살롬 내 아들, 내 아들 압살롬아! 내가 네 대신 죽어야 할 걸, 내 아들아, 내 아들아.'

생각할 점

삼하 16-18장 내용은 드라마 같다.

구약역사상 비극의 정점은 압살롬과 다윗 두 부자의 파국이다. 이로써 다윗이 노년 초기에 큰 위기에 빠진다.

이는 다윗이 압살롬에게 형 죽인 죄과를 확실히 처리하지 못해서다. 넋 놓고 세월 허송했다. 압살롬은 다말 사건 후 부친 조치를 2년 기다렸다. 그가 암논 살해 후 도망가 이방에서 4년 보냈다. 그가 집으로 돌아왔으나 부자 면담은 2년 지나서다. 압살롬이 자신 거처에서 힘을 기르며 판관 노릇을 4년이나 한다. 그가 헤브론에 간다며 부친 허가받고 거기서 왕이라 선언하다니 부친을 정말 몰랐다.

다윗이 왕궁인 예루살렘을 떠나며 탁월한 조치를 취한다. 그가 위급한 난관에도 노련하고 세심한 왕으로서의 지시를 몇몇에게 내린다. 그 무엇보다 하나님께 의탁한다.

삼하 16장 '압살롬의 반역 도모, 왕권 도전'

압살롬이 앙심 품고 수년간 준비해 스스로 왕위를 선포한다. 이에 다윗의 도피 과정에 생긴 여러 사건들이 나온다.

첫째, 비참한 다윗에게 후의의 손길이 미친다. 뜻밖에 사울의 종인 지바에게서 가장 먼저다. 다윗의 위기에 가장 요긴한 식량을 두 마리 당나귀에 가득 싣고 왔다. 그는 은혜 갚을 줄 아는 선한 믿음의 사람이었다. (삼하1-4)

둘째, 사울 가문인 게라의 아들 시메이가 피신하는 다윗과 일행에게 심한 저주는 물론 돌과 흙먼지를 퍼붓는다. 그를 죽인다 하자 막는다. 그 심한 모욕이 하나님께서 다윗에게 오는 징계일 수 있으니 참아야 한다면서. 그런 독백 같은 다윗의 말에 일행이 함께 꾹 참고 견딘다. (삼하5-14)

셋째, 다윗의 심복 후사이가 다윗 말대로 압살롬 측근에 발탁, 예루살렘 잠입에 성공한다. 총명하고 충성스런 그를 믿고 할 일을 지시한 건 다윗의 빛나는 기지다. (삼하15-19)

넷째, 압살롬과 후견인 아히토펠 대화가 다음과 같다(삼하20-22). 아히토펠은 삼하15:12과 31, 33-37에도 있다. 그가 압살롬이 아닌 다윗의 자문임에도 압살롬이 헤브론에서 왕권 선언 시에 만류하지 않고 그 반역에 합류했다.

- 잠깐 곁길로 샌다. NIV. 주해에 '아히토펠이 밧세바의 조부인데 현명해서 존경받았다.' 한다.

그가 그런 신분이라 자문이었을 텐데 어째 배신하는가?

손녀 밧세바의 첫 남편인 이방인 장수 우리아 때문인가?

다윗보단 잘생겼다는 왕자 압살롬 때문인가?

선민들이 우러르는 왕이자 자신의 손녀사위인 다윗을 어째 그리 쉽게 배신하는가? -

삼하15:31에선 다윗의 기도가 나온다.

다윗이 압살롬과 아히토펠이 그들 반역자들 사이에 있음을 듣자 그가 기도하길 **'주님, 아히토펠의 상담이 실패하게 하여 주십시오.'**

삼하15:24-31에 다윗이 압살롬 왕위 등극 소식에 예루살렘에서 피난하며 사제들이 하나님 궤를 모셔 나오자 성 안으로 모셔가라 이른다.

삼하 17장 '압살롬의 다윗 반역 실패'

압살롬의 부친 배신은 실패다, 당연하니 다음과 같다.

첫째, 압살롬이 아히토펠 대신에 후사이를 신임해서다.

다윗이 올리브 산에서 올린 기도대로 이루어진다.

하나님께서 전에 나단을 통해 다윗에게 경고하신 대로다. 우리아를 죽인 죄 때문이다. 그럼에도 하나님 징벌을 달게 받는 다윗의 속을 살피셨음을 볼 수 있다. 하나님께서 다윗과 함께하심을 우리에게 보여주신다. (삼하17:14)

후사이의 덕분에 다윗 일행이 그날 밤새 요단강을 모두 건너서 압살롬 손길을 멀찍이 벗어난다.

둘째, 아히토펠은 자신 기획이 틀어지자 집에 돌아가 자살한다. 이런 자가 왕의 자문이었다니. 그가 다윗에게 용서를 구하면 목숨은 구했으리라. 잘못의 대가를 치르면 솔로몬이 왕위에 오르는 거사를 볼 수 있었으련만.

사울 왕에 이어 자살을 감행한 구약의 둘째 인물이다.

삼하 18장 '다윗의 후속 조치'

첫째, 다윗이 자신에게 속한 선민들 군단을 재정비한다. 다윗이 좌절 않고 그가 할 일에 힘을 다해 충성스런 군사들에게 최선을 다한다. 그런 왕에게 충성을 다하는 군사들 기록이다. 다윗 자신의 안위보단 나라의 안전과 선민을 위한 최선의 조치를 취한다. 진심으로 선민들 전체의 안위만 걱정해 그 자신도 전투에 나간다고 말한다.

그러자 전 군대가 진심으로 그를 만류한다.

그들의 군주이자 평생을 용맹한 장수로 모셨던 다윗의 군사들이니 나이 든 비참한 다윗을 만류한다.

왕자의 난이니 그 전투는 절대 아니라는 선민들 마음이다.

그의 군사들이 다윗에게 충성한다. 왕이 후방을 지켜야 만일의 사태를 돕는다는 주종간의 신뢰를 보인다. (삼하1:1-4)

다윗이 그들을 끝까지 서서 전송하며 압살롬을 부드럽게 대해 달라고 모든 군사에게 당부한다. (삼하1:5)

둘째. 다윗 군대의 전술로 전투가 승리한다.

그러나 요압이 나무에 매달린 압살롬을 처단해 왕의 간청을 무시한다. 요압의 부하가 압살롬을 살리라는 왕의 간청을 다 들었다 해도 무지하게 죽여 아무렇게나 묻어버린다.

셋째, 압살롬의 죽음 소식에 다윗이 절망한다.

다윗이 장성한 자식의 죽음을 두 번째로 겪는다.

그가 여러 여인들에게 많은 아들들이 있었지만 장성한 두 아들을 잃는다.

다윗이 자신의 두 아들들 잘못을 겪으면서도 그들의 죄는 미워하되 사람은 결코 미워하지 않았다.

그런 와중에도 다윗이 공과 사를 분명히 가렸다는 점을 주시한다. 그가 **하나님 언약궤**를 모시고 나온 사제들에게 예루살렘 성안에 모셔가 지키라고 지시한다.

그가 젊어 사울 왕에게 쫓기던 때와 비할 수 없이 훨씬 비참한 상황임에도 그리 했다.

다윗은 나단의 그런 하나님 경고를 되새기며 자신의 불찰을 속 깊이 하나님께 참회했으리라. 순전히 사적인 잘못이니까 하나님 언약궤는 왕궁에 정해진 장소에 모셔야 한다.

하나님 언약궤는 선민들에게 속하는 왕궁인 공적 장소에 대제사장과 사제들이 지키며 모셔야 한다.

반역자 압살롬과 그의 군사들도 예루살렘 모든 주민들도 하나님의 선민들이다.

이로써 배다른 자식들 사이에서 생긴 이런 일들이 남자가 아무리 능력 있고 훌륭해도 여러 여자와 산다는 일이 인간 사회에선 비극임을 알리는 기사로 보인다.

애초에 하나님께서는 아담과 이브만 지으셨다.

또한 예수 그리스도께서 생애 마지막 올리브 동산에서 올린 눈물의 밤샘기도를 하나님께서 들어주지 않으셨음도 어째서인가 생각해야만 한다.

왜냐면 다윗의 올리브 산의 기도는 들어주신 하나님이시어서다.

사무엘하 19장

삼하19:1 요압은 왕이 압살롬을 위해 울고 슬퍼한다는 걸 들었다.
2 그래서 그날의 승리가 모든 군대의 애도로 바뀌었으니 왕이 아
들 죽음에 애통한다는 소식을 들어서다. 3 그들이 전쟁에서 도망
친 얼굴로 보이는 수치스런 사람들처럼 도시로 돌아왔다. 4 왕이
얼굴을 가리고 큰 소리로 울며 '내 아들 압살롬, 오, 압살롬, 내 아
들, 내 아들.'

5 요압이 왕의 거처로 들어와 '모든 당신의 부하들이 당신과 당신
아들과 딸들, 당신 부인들과 첩들을 구했는데 당신이 이날을 수치로
덮었습니다. 6 당신을 증오하고 당신의 사랑하는 이들을 증오한 그런
자에 대한 사랑을 보여서입니다. 오늘 당신은 장교들과 부하들에게 우
리가 당신에겐 아무 소용없음을 분명히 했습니다. 내가 깨달으니 압살
롬이 아직 살아 있고 우리 모두가 죽었다면 당신이 만족하리란 겁니
다. 7 지금 즉시 나가서 당신 부하들에게 다소의 격려를 하십시오, 만
일 거절하면 내가 하나님께 맹세하니 이 밤이 가기 전에 한 사람도 당
신 곁에 남아 있지 않을 겁니다. 이는 아마 당신의 초기 날들보다 훨
씬 고통스럽고 나쁜 재난일 겁니다.' 8 이에 왕이 일어나 성문 곁에
자리를 잡았다. 이에 군대가 왕이 성문에 앉아 있다며 그들 모두
그의 앞으로 왔다.

그럴 즈음 이스라엘 족속들이 그들 고향으로 돌아갔다. ⁹ 모든 이스라엘 족속을 통해 그들 스스로 이에 대해 토론하기를 '왕이 우리의 적들에게서 우릴 구했고 블레셋의 힘에서 자유롭게 했는데 지금 그가 압살롬 때문에 시골로 쫓겨났다. ¹⁰ 그러나 우리가 임명한 왕 압살롬이 전투에서 죽었다. 그런데 지금 우리가 왕을 되돌려올 계획이 어째서 없는가?'

¹¹ 이스라엘 사람들이 말한 모든 것이 왕의 귀에 들려오자 그가 제사장 자독과 아비아달에게 전갈을 보냈다. **'유다의 장로들에게 물어라, 그들이 왕을 그의 궁정으로 부르기를 막는 이유를. ¹² 그들에게 "너희가 내 형제들이고 나 자신의 혈육이다. 왜 너희가 날 부르기를 막느냐?" ¹³ 그리고 아마사Amasa에게 말하길 "네가 나 자신의 혈육이다. 그러니 신께서 나를 도우시어 너를 나의 사령관으로 요압의 자리에서 네 생명이 다하기까지 있으라."** ¹⁴ 이처럼 다윗이 유다에서 모두의 마음을 뒤흔들어 그들이 한 마음으로 왕에게 그의 사람들과 같이 귀환하길 요청하는 전갈을 보냈다.

¹⁵ 돌아오는 길에 왕이 요단에 이르렀을 때 유다 사람들이 그를 만나러 길갈Gilgal에서 와서 그를 호위해 요단을 건넜다. ¹⁶ 벤저민 족인 게라Gera의 아들 시메이Shimei가 바우림Bahurim에서 서둘러 내려와 유다의 사람들 사이로 다윗 왕을 만나러 ¹⁷ 일천 명의 벤저민 족과 왔다. 사울가의 종인 지바가 또한 그의 열다섯 명의 아들들 스무 명의 종들과 거기 있었다. ¹⁸ 그들이 서둘러 요단에 뛰어들어 왕의 눈 아래서 왕의 가솔들을 여기저기 나르며 그의 호의를 얻기 위해 건넜다. ¹⁹ 게라의 아들 시메이가 그 강을 건넜

을 때 자신을 왕 앞에 엎드려 말하길 '폐하, 청하노니 예루살렘을 떠나실 때 당신 종이 무례하게 행동한 바를 기억하지 마소서, 이에 대해 나를 잡아두지 마소서. ²⁰ 겸손히 내가 잘못한 걸 인식해 오늘 모든 요셉 가문에서 제일 먼저 폐하를 뵈러 내려왔습니다.' ²¹ 제루이야의 아들 아비새가 반대했다. '시메이는 죽어야 하지 않습니까?' 그가 '왜냐면 그가 하나님께서 지명하신 왕자를 저주했기 때문입니다.' ²² 다윗이 **'너, 제루이야의 아들아, 네가 오늘 내게 반대하는 게 뭐가 바르냐? 이 날 이스라엘에서 누가 죽어야 하느냐? 지금 내가 아노니 난 이스라엘 왕이다.'** ²³ 왕이 시메이에게 말하길 '너는 죽지 않으리라,' 그러며 그가 이를 맹세로 확약했다.

²⁴ 사울의 손자 메피보셋이 또한 왕을 만나러 내려왔다. 그는 그의 발을 씻지 않았고 그의 수염도 자르지 않고 옷 또한 빨지 않았는데 왕이 떠난 날부터 그가 승리해 돌아오기까지다. ²⁵ 그가 예루살렘에서 왕을 만나러 왔을 때 다윗이 그에게 말하길 '메피보셋아, 왜 너는 나랑 같이 가지 않았냐?' ²⁶ 그가 답하길 '내 종이 나를 속였습니다. 나는 나귀에 안장을 얹고 왕과 함께 가려고 했습니다(나는 절름발이입니다). ²⁷ 폐하께 놓인 내 이야기는 반대입니다. 폐하는 하나님의 천사 같습니다. 당신이 옳게 생각한 대로 당신은 행하셔야만 합니다. ²⁸ 내 부친 가문의 전부가 하나같이 폐하의 손에 죽을 만했으나 당신께서 나를 종으로 당신 식탁에 앉히십니다. 무슨 더 이상의 은혜를 왕께 바라겠습니까?' ²⁹⁻³⁰ 왕이 답하길 '네 말이 충분하다. 내 결정은 너와 지바가 부동산을 같이 누리는 것이다.' 메피보셋이 말하길 '그가 모두 갖게 하십시오, 지금은 폐하가 승리

하여 집으로 오셨습니다.'

³¹ 길렛인인 바질라이가 또한 바젤림에서 내려와 왕을 호위하며 그가 갈 수 있는 한은 요단까지 멀리 갔다. ³² 바질라이는 팔십의 많은 나이였는데 대단한 부자라서 왕을 위해 마하나임에 있는 동안에 왕에게 필요한 것들과 식량을 제공한 것이 그였다. ³³ 왕이 바질라이에게 '나와 함께 건너가 예루살렘에 있는 내 집에서 너를 위해 은혜를 갚겠다.' ³⁴ 바질라이가 '당신의 종은 너무 늙어 예루살렘까지 폐하와 함께 올라가긴 너무 멉니다. ³⁵ 나는 지금 여든 살입니다. 무엇이 좋고 나쁜지 말할 수 없습니다. 무엇을 먹거나 마시거나 맛을 알 수도 없습니다. 더 이상 남자와 여자들 노랫소리도 들을 수 없습니다. 어찌하여 내가 폐하의 더 큰 짐이 되겠습니까? ³⁶ 당신의 종이 요단을 건너는 짧은 길 동안만 곁에 있겠습니다. 왜 왕께서 내게 그리 멋진 보상을 하시렵니까? ³⁷ 내가 돌아가게 하여 가까이 부모의 무덤이 있는 내 마을에서 마지막 날을 맞게 해 주십시오. 여기에 내 아들 킴함Kimham이 있습니다. 그가 폐하와 같이 건너가서 그를 위해 당신의 최선대로 행해주십시오.' ³⁸ 왕이 답하길 '킴함이 나와 같이 건너게 하여 내가 너의 최선대로 그를 위해 행하리라. 나는 네가 좋을 대로 무엇을 청하든 하리라.'

³⁹ 왕이 기다릴 동안 모든 사람들이 요단강을 건넜다. 다음에 왕이 바질라이에게 입맞춤을 하며 그에게 축복을 주었다. 바질라이는 집으로 돌아갔다. ⁴⁰ 왕이 길갈로 건너가고 킴함이 그와 함께 했다.

유다의 전 군대가 강을 건넌 왕을 호위했는데 이스라엘 군대의 절반이 그리한 것처럼 했다. ⁴¹ 그러나 왕을 지켰던 모든 이스라엘 사람들이 오면서 말하길 '왜 우리의 유다 형제들이 왕의 사람들을 소유해서 다윗 왕 자신의 사람들과 합류해 그와 그의 가족을 호위해 요단을 건너냐?' ⁴² 유다의 모든 사람들이 이스라엘 사람들에게 답하길 '왜냐면 폐하가 우리 가까운 친족이다. 왜 이에 너희가 화내느냐? 우리가 왕의 비용으로 먹었냐? 무슨 선물을 받았냐?' ⁴³ 이스라엘 남자들이 '우리가 왕에게 너희 이익의 열 배를 갖고 그보다 더한 것은 우리가 너희보다 장년이라는 거다. 왜 너희가 우리를 무시하냐? 왕을 되돌리자고 먼저 말한 게 우리 아니더냐?' 유다의 남자들이 이스라엘 남자들보다 심지어 더 심한 말로 압박했다.

사무엘하 20장

¹ 벤저민 족의 남자로 비크리Bichri의 아들 쉬바Sheba라는 불량배가 우연히 거기 있었다. 그가 나팔 불며 울부짖어 외치길
'우린 다윗에게 분깃이 없다,
이새의 아들에겐 아무 몫이 없다.
그의 장막의 누구든 오, 이스라엘아!'
² 모든 이스라엘 남자들이 다윗에게서 흩어져 비크리의 아들 쉬바를 따랐으나 유다의 남자들이 왕 곁에 서서 요단에서 예루살렘까지 따라갔다.
³ 다윗이 예루살렘에 있는 궁전에 갔을 때 그가 궁전을 책임지게 남긴 열 명의 첩들을 데려다 한 집에 그들을 넣고 지키게 했다. 그가 그들을 유지하나 동침하지 않았다. 그들이 은둔 생활을 하며

죽기까지 과부처럼 살았다.

⁴ 왕이 아마사에게 말하길 **'유다의 남자들이 삼일 안에 다시 내 앞에 모이게 불러라.'** ⁵ 아마사가 유다 남자들을 불렀으나 그가 왕이 정한 시간보다 더 길게 잡았다. ⁶ 왕이 아비새에게 말하길 '지금 비크리의 아들 쉬바가 압살롬이 우리에게 준 것보다 더한 근심을 줄 거다. 궁중 호위병들을 데려가 그가 우릴 피해 어떤 요새화 도시들을 차지할 경우에 대비해 그에게 가까이 접근해라.' ⁷ 요압이 케레트족, 펠레트족의 호위들, 모든 전투병을 따라 아비새의 뒤를 따라 행군, 비크리의 아들 쉬바를 추적했다.

⁸ 그들이 기브온의 커다란 바위가 있는 데 이르자 아마사가 그들을 만나러 왔다. 요압이 외투를 입었는데 그 위로 허리띠를 하여 칼집에 칼을 쥔 채였다. 그가 앞으로 나가며 그의 속내를 감추고 ⁹ 아마사에게 말하길 '네가 잘 있기를 바란다, 형제여,' 하며 오른손으로 아마사의 수염을 잡고 그에게 입맞춤했다. ¹⁰ 아마사는 요압의 칼에 대항할 그의 호위가 없었다. 요압이 그를 칼로 배를 쳐서 내장들이 땅 위로 쏟아졌다. 두 번 다시 그를 칠 필요 없이 아마사가 죽었다. 요압이 그 동생 아비새와 비크리의 아들 쉬바를 계속 추적했다. ¹¹ 요압의 남자들 중 하나가 아마사 위에 서서 큰 소리로 외쳤다, '요압을 따르자, 요압을 위하여 그리고 다윗을 위하여 모두가!' ¹² 아마사의 시신이 길 한가운데 누워 땅이 피로 젖는 것을 모두 서서 지켜보자, 한 남자가 그를 길 밖으로 굴려 들판에 던져 그 위에 옷을 덮었다. 누구나 서서 시신을 보기 때문이다. ¹³ 시신이 길에서 옮겨지자 그들이 계속 가서 비크리의 아들을 추적하

는 요압을 뒤따랐다.

¹⁴ 쉬바가 모든 이스라엘 족속들을 통과해 지나서 아벨-베트-마카Abel-beth-maacah까지 왔는데 비크리의 족속이 모두 그에게 몰려와 그를 따라 그 도시로 들어갔다. ¹⁵ 요압의 군대가 와서 그를 아벨-베트-마카에서 포위하고 이에 대한 포위 경사로를 쌓고 그 성벽 아래로 갱도를 파기 시작했다. ¹⁶ 한 현명한 여인이 그때 이를 방벽에서 보고 그 도시에서 외치길 '들어라, 들어라! 요압에게 이리 오라 말하여 내가 그와 말하게 하라.' ¹⁷ 그가 그 여자에게 왔더니 '당신이 요압이오?' 그가 답하길 '그렇소.' '내가 장군께 말한 것을 들으시오,' 그녀가 말했다. '내가 듣겠소,' 그가 답했다. ¹⁸ '예전에,' 그녀가, '한 말이 있는데 **"답을 위해선 아벨에게 가시오."** 그러니 그것이 문제 해결입니다. ¹⁹ **나의 마을은 이스라엘에서 가장 평화롭고 충성스런 곳 중 하나로 알려집니다. 이스라엘에서 사려 깊은 어머니 같은 곳입니다. 그런데 당신이 이를 죽이고자 노립니다. 당신이 하나님 자신의 소유를 멸하렵니까?'** ²⁰ 요압이 '하나님께선 황폐건 멸망이건 내게 멀리하라 금하십니다!** ²¹ 우리 목적은 그게 아니라, 에프라임Ephraim 고지 출신 비크리의 아들 쉬바가 다윗 왕에 거슬러 반역을 일으킨 자입니다. 이 한 사람만 항복하면 이 도시에서 물러갈 겁니다.' 여인이 요압에게 '그의 머리를 성벽 위로 당신에게 던질 겁니다.' ²² 다음에 그 여인이 사람들에게 가서 그녀의 지혜로 그들을 설득해 쉬바의 머리를 잘라 요압에게 던졌다. 그래서 그가 나팔을 울리고 전 군대가 마을에서 퇴각했다. 그들이 집으로 각자 흩어져 가고, 요압이 예루살렘의 왕

에게 돌아갔다.

'다윗 통치의 이야기들Stories of David's reign'

²³ 요압이 이스라엘에서 전 군대 사령관, 제호이야다Jehoiada
의 아들 브나이야Benaiah는 케레트족Kerethite과 펠레트족
pelethite의 호위병들을 지휘했다. ²⁴ 아도람Adoram이 강력한 레
위족의 책임자, 아히루드Ahilud의 아들 제호샤팟Jehoshaphat
이 국무장관secretary of state이었다. ²⁵ 쉐바Sheva가 고급 부
관 자독zadok과 아비아달Abiathar이 제사장이었다. ²⁶ 자이리트
Jairite족 이라Ira가 다윗의 제사장이었다.

사무엘하 21장

¹ 다윗의 통치 기간에 기근이 삼 년간 이어졌다. 다윗이 하나님
께 상담하니 답하길 '사울과 그의 가문 위에 피의 죄가 머무니 그
가 기브온족을 죽게 해서다.' ² (기브온족이 이스라엘 후손은 아니
다. 그들이 아모리족의 나머지로서 이스라엘 사람들이 그들을 살
려준다고 맹세했었다. 사울이 어쨌거나 이스라엘과 유다를 위한
열성에서 그들을 멸절하려고 했다.) ³ 그러므로 다윗 왕이 기브온
족을 소환해서 그들에게 '너희를 위해 무엇을 할 수 있느냐? 너희
로 인한 하나님 자신의 백성들의 축복을 내가 어떻게 하면 보상할
수 있겠느냐?' ⁴ 기브온족이 '사울과 그 가문에 대한 우리의 적개
심은 금이나 은이 대체할 수 없으며 이스라엘 어떤 남자의 죽음도
우릴 만족시킬 수 없습니다.' '그럼 내가 너희를 위해 무엇을 할 수

가 없겠냐?' 다윗이 물었다. ⁵ 그들이 '우리를 망하고 몰락하게 한 그 남자의 끝을 우리가 내서 그가 이스라엘 안에서 그의 자리를 다신 갖지 못하는 겁니다. ⁶그 남자의 후손 일곱 명을 넘겨주면 하나님께서 택하신 사람인 사울의 기베아Gibeah에서 하나님 앞에 그들을 던져버리겠습니다.' 왕이 그들을 넘기기로 동의했다. ⁷ 그가 사울의 아들 요나단의 아들 메피보셋은 남겼으니 이는 다윗과 사울 아들 요나단이 하나님 이름으로 한 맹세 때문이다, 그러나 ⁸ 왕이 아이야Aiah의 딸인 리즈파Rizpah가 사울과 낳은 두 아들 알모니Armoni와 메피보셋Mephibosheth, 사울의 딸 메랍Merab의 다섯 아들을 택했으니 이들이 메홀라Meholah출신 바질라이 Barzillai 아들 아드리엘Adriel에게 태어나서다. ⁹ 그가 기브온 족에게 그들을 넘기자 하나님 앞에서 그 산에서 아래로 던졌다. 일곱 명 모두 떨어졌다. 그들이 보리 수확 시작하는 첫날 죽었다.

ⁱ⁰ 아이아의 딸 리즈파가 베옷을 가져다 그 바위 위에 자신을 위한 침상처럼 놓고 수확 초부터 비 오기까지 하늘에서 비가 내리면 그 시신들 위에 펼쳐 놓았다. 그녀가 날마다 시신에게서 새들을 쫓아내고 밤에는 들짐승들에게서 지켰다. ¹¹ 왕이 사울의 첩 리즈파가 행한 소식을 듣자 ¹² 그가 가서 사울과 그 아들 요나단 유골을 야베스 길렛Jabesh-gilead의 시민들에게 수습했으니 벳산 Beth-shan의 광장에서 블레셋인들이 길보아Gilboa에서 사울을 패배시킨 그날 매달았던 시신을 수습해온 사람들이었다. ¹³ 그가 사울과 요나단의 유골을 옮기며 그런 죽음에 던져진 남자들의 유골도 수습했다. ¹⁴ 그들이 사울과 그의 아들 요나단의 유골을 벤

저민의 젤라Zela에서 장사지내니 그의 부친 키스Kish의 무덤이 있는 데다. 모든 일이 왕의 명령대로 이루어져 그때부터 하나님께서 그 나라를 위한 기도를 받으시기로 뜻하셨다.

15 다시 이스라엘과 블레셋 사이에 전쟁이 터졌다. 다윗과 그의 부하들이 그 전투에 내려가 블레셋과 싸웠으나 그가 지쳐 넘어졌다. 16 르파임Rephaim 족의 하나인 베놉Benob이 보니 그가 삼백 세겔 무게 청동 창과 영예의 허리띨 두른 자로서 다윗을 죽이려 하니 17 제루이야의 아들 아비새가 왕을 도우러 와서 그 블레셋인을 쳐 죽였다. 다음에 다윗의 장교들이 맹세하길 그가 다신 그들과 같이 전투에 나오지 않는 거였으니 이는 이스라엘의 등불이 꺼질까 봐 두려워해서다.

18 얼마 지나자 다시 곱Gob에서 블레셋과 전투가 벌어졌다. 이때가 후샤Hushah 출신 시베카이Sibbechai가 르파임의 후손인 삽Saph을 죽인다. 19 곱Gob에서 블레셋과의 또 다른 전투에서 베들레헴의 자이Jair의 아들 엘하난Elhanan이 갯Gath에서 골리앗을 죽였는데 그가 직조공의 들보 같은 축이 있는 창을 가졌다. 20-21 갯의 또 다른 전투에 한 거인이 나타났는데 손과 발이 여섯 손가락에 여섯 발가락이라 모두 24개다. 그 역시 르파임족 후손이었다. 그가 이스라엘을 멸시했을 때 다윗의 형 시메이Shimeai의 아들 요나단이 그를 죽였다. 22 이들 네 명의 거인들이 갯에 있는 르파임족 후손들인데 이들 모두 다윗과 그 부하들 손에 떨어졌다.

생각할 점

삼하 19-21장은 압살롬으로 인한 이스라엘 열한 지파와 다윗의 유다 지파 간에 은연중의 갈등이 주 내용이다.

그 갈등의 근본에는 이스라엘 열두 지파 후손인 선민들이 사무엘에게 하나님께 왕을 정해 달라고 요청해 시작했음을 직시해야만 한다. 선민들의 첫 왕인 사울이 무려 십여 년 이상을 그보다 젊고 잘난 다윗만 죽이려고 쫓아다니다 죽었다. 그때 사울의 총사령관이 사울의 아들을 왕으로 옹립하여, 자신이 선민들을 통치했다. 이때 다윗은 하나님 지시로 유다 지파에게 왕위 추대를 받는다. 이로써 선민들이 사울 왕을 섬기던 열 지파들과, 다윗을 추대한 유다 지파와 소수의 벤저민 지파로 슬그머니 갈린다.

이를 다윗이 곡절 끝에 이스라엘 열두 지파의 왕이 되어 부강하게 한다.

그 후엔 다윗의 아들 압살롬의 내란 수습에 선민들 사이에 균열이 생긴다. 나이 든 다윗처럼 그와 같이 나이 든 군사령관 요압의 자만심이 커가서다.

요압이 멋대로 행하기 시작한다.

그가 왕명을 거역하고 부하들 앞에서 압살롬을 죽였다.

다윗과 요압 사이가 우리아 사건 후에 냉기류가 흐른다. 요압은 현실적이고 성급하다. 그래서 하나님의 사람인 다윗의 깊은 감성과 심성을 이해하지 못했다.

혹은 요압이 뛰어난 지혜를 지닌 다윗에게 자격지심과 열등감을 느꼈을 수 있다. 그가 다윗 못지않게 용맹한 장수였으나 믿음이 지닌 덕과 지혜가 모자랐다. 다윗과 가장 가까이 있었으나 다윗의 단점만 보았다고 할 수 있다.

그에 비해 다윗은 주변 사건들의 급한 상황 처리의 기민함과 그런 과정의 공정함을 눈여겨볼 만큼 유연하고 지혜로웠다. 다윗은 항상 하나님께 문의하고 늘 믿음으로 굳건히 결정하고 행동한다.

그 반대로 요압은 군인답게 그저 자신의 이익과 눈앞의 실리만 중시하는 냉정한 무장이었다.

어쨌든 군사들 사기에 관한 요압의 충고를 듣자 다윗은 이를 즉시 받아들인다. (삼하19:5-7)

다윗은 늙은 왕인 자신을 위해 싸운 군사들 사기뿐만 아닌 예루살렘으로 환궁이 필요했다. 압살롬 때문에 선민들 간에 자중지란이 생겨서다. 이를 아우를 책임이 있었다.

다윗의 진면목은 다음과 같다.

그가 예루살렘에서 쫓기는 동안 자신에게 염치없이 무례했던 자들의 반성과 회개를 요단강 여울을 건너는 동안 유감없이 받아들여 일단 모두 용서해준다.

그뿐 아니라 다윗 일행에게 적절하게 필요한 먹을 것을 가져다주고 위로해준 고마운 사람들에게는 그들 각자의 은혜에 관해 충분한 감사와 은혜를 표한다.

가장 무례했던 자가 벤저민 지파의 시메이다.

쫓기는 다윗 왕 일행에게 돌팔매질과 먼지와 욕설을 하루 종일 쫓아오며 퍼부어서다. 그러나 그가 자신의 악행을 공개로 사과하자 다윗이 이를 받아들인다.

또한 마하나임에서 은혜를 베푼 늙은 바질라이가 인사하자 감사하며 그 대신에 그 아들을 궁에 데려간다.

다윗이 자신의 재위 중에 일어난 심한 국난과 풍파가 결국은 온전히 자신의 과오에서 시작했음을 자각하고 행동했다는 점을 중시할 수 있다.

다윗이 심한 고통의 과정 중에도 마음의 중심을 잃지 않고 지혜롭게 공평히 행했다.

다윗의 지혜로움은 삼하 21장에 자세하다.

선민들의 나라인 이스라엘이 선민들 열한 지파와 다윗이 속한 유다 지파로 나뉘려는 무모한 시도들이 있어서다.

다윗의 이스라엘 통치 집권 후반 막바지에 들어선다.

한 나라가 잘 되려면 국민들 사이에 한구석이라도 미심쩍은 문제점이 남아선 아니 됨을 알려주는 사건들이다.

삼하 21장의 기사들에서 이를 보여준다.

기브온 족속의 한 맺힌 사울 가의 후손들 처리 문제 협상에 관한 문제다. 다윗이 직접 나서서 양쪽을 아울러 이들을 다스린다. 그런 후에 사울 가문의 모든 유골들을 다윗이 직접 수습해서 장사를 해주는 과정들이 그렇다.

다윗은 이로써 요나단과 약속한 후손들의 의리를 최선을 다해 지켰다. 다윗은 하나님과 선민들을 위해 최선을 다했다. 사리 판단을 신속한 분별로 판단해서 선민들의 마음을 헤아렸다.

사무엘하 22장 '다윗의 시'

1 이는 다윗이 하나님께서 그의 모든 적들과 사울의 권력에서
구해주신 날에 하나님께 올린 노래들이다.

2 하나님은 나의 높은 바위 산, 나의 요새, 나의 승리자,
3 나의 신, 내가 찾은 피난처에 계신 나의 반석,
나의 확실한 방어 방패, 나의 강한 탑,
나의 피난처, 폭력에서 구원하신 나의 구원자.
4 나는 모든 찬양을 하나님께 드려야만 하는데,
그래야 나의 적들에게서 안전해질 겁니다.

5 죽음의 파도들이 나를 에워싸고
6 지옥의 무리들이 내 주위를 조이며
죽음의 덫들이 나를 잡고자 놓여 있습니다.
7 깊은 근심 속에서 내가 하나님께 울부짖고
나의 하나님을 불렀을 때
그분 신전에서 내게 들으시니
내 울음이 그분 귀에 이르렀습니다.

8 땅이 흔들려 지진이 났습니다.

하늘의 기초가 그분의 분노로 흔들리고 떨렸습니다.

9 그 콧김으로 연기를 내시고, 그 입으로
불타는 탄과 열을 더한 불길을 뿜어내십니다.

10 그분께서 하늘들을 가르며 아래로 내려오시어
짙은 암흑이 그분 발아래 깔립니다.

11 그분께서 한 지품천사의 등에서 나르시어
그분께서 그 바람의 날개들 위로 급강하하셨습니다.

12 그분이 그분 주위를 암흑으로 덮어서
그분의 천개가 짙은 증기로 가득합니다.

13 짙은 구름들에서 그분 앞에 광채가 나오는데,
밝게 타오르는 화염입니다.

14 하나님께서 하늘들에서 천둥을 치시니
그 최상의 분께서 목소리를 내신 겁니다.

15 그분께서 활을 쏘시니, 멀리 속도를 내서
그분의 번개를 쳐서 그들을 되울립니다.

16 바다의 밑바닥들이 드러나며 지구의 기초들이
하나님 꾸중, 그 콧김 한숨의 타격에 벗겨집니다.

17 그분께서 높은 데서 아래에 이르시어 나를 잡아
그 막강한 물결 밖으로 끌어내

18 그분께서 나를 적들에게서 구하시니, 그 적들이
강하여 나의 적으로 너무 힘이 세졌을 때입니다.

¹⁹ 그들이 공포의 순간에 나를 대적했으나
하나님께서 나의 버팀목이셨습니다.
²⁰ 그분께서 나를 속박 없는 자유로 데려오셨으니,
그분께서 내 안에서 기쁘셨기에 구해주셨습니다.

²¹ 하나님께서 대접받을 만한 나의 의에 보답이니,
내 처신이 그분께서 보답하실 만큼 흠이 없어섰습니다.
²² 내가 하나님의 길들을 지켰기 때문이고
내 하나님에게서 사악하게 돌아서지 않아섰습니다.
²³ 그분의 모든 규율을 내 앞에서 지키며
그분 명령들을 따르기에 결코 실패하지 않았습니다.
²⁴ 그분의 시선에서 나는 비난 받을 게 없었으니
나 자신을 불의에서 지켜서입니다.
²⁵ 왜냐면 내가 그분의 눈 안에서 흠이 없기에
나의 의에 적합한 만큼 하나님께서 보답하셨습니다.

²⁶ 충성한 자에게 네 자신의 충성을 보이고
비난 없는 자에게 비난 없이 대하라.
²⁷ 순수한 자에게 네 자신의 순수함을 보이고 그러나
비뚤어진 자와는 네 처신을 재주껏 해라.
²⁸ 너는 초라한 자들을 안전히 데려와야 하지만
그리 높고 막강한 사람만 바라보는 자들은 부끄러워해라.
²⁹ 하나님, 당신은 나의 등대이시기에

내 하나님은 나의 암흑을 밝히십니다.

30 당신 도움으로 내가 요새에 돌격하면

내 하나님 도움으로 성벽을 뛰어넘습니다.

31 하나님의 길엔 비난이 없습니다.

하나님 말씀은 그 시험에 맞섭니다.

그분은 그분께 피난처를 구한 모든 이에게 방패십니다.

32 하나님, 그분 외에 거기 무슨 신이 있습니까?

우리 하나님 이외에 누가 반석입니까?

33 그 하나님께서 힘을 내 허리에 두르시어

나의 길을 비난에서 자유롭게 만드시니,

34 누가 나를 암사슴처럼 날래게 해서

그 높은 데 안전히 두고,

35 누가 전쟁에서 내 손을 단련하여 내 무기로

청동에 감싼 활을 목표할 수 있게 합니까?

36 당신 구원의 방패를 내게 주십니다.

나를 크게 만들고자 당신이 굽히십니다.

37 당신께서 내 발이 미끄러지지 않게 마련해 주십니다.

38 내가 내 적들을 추적해 그들의 끝장을 내기까지

나는 돌아서지 않고 멸망시킵니다.

39 나는 그들을 끝장내서 쓰러트립니다.

그들이 더 이상 일어나지 못하고 발아래 엎드립니다.

⁴⁰ 당신께서 전투의 힘을 나에게 부여해서 내 공격자들을
내 발아래 복종시킵니다.
⁴¹ 당신께서 내 발을 적들의 목에 놓아서 나를 싫어한
이들을 쓸어버리게 합니다.
⁴² 그들이 울지만 아무도 그들을 도울 자가 거기 없습니다.
그들이 하나님께 울지만 그분은 답하지 않으십니다.
⁴³ 나는 그들을 땅의 먼지처럼 곱게 부수어
길의 진흙처럼 그들을 짓밟을 겁니다.
⁴⁴ 당신은 내게 도전하는 백성들에게서 자유롭게 하시어
내가 국가들의 주인이 되게 하십니다.
⁴⁵ 외국인들이 내게 비위를 맞추러 올 터인데
그들이 나의 말을 듣자마자 복종할 겁니다.
⁴⁶ 외국인들이 낙심할 터이니 그들의 강함에서 떠나
벌벌 떨면서 올 겁니다.
⁴⁷ 하나님께서 살아 계십니다! 축복 받으시리, 나의 반석!
최상의 신, 나의 안전한 피난처시니!

⁴⁸ 당신은 내게 복수를 허락하신 신이시니
내 발아래 나라들이 엎드리게 하십니다.
⁴⁹ 당신은 내 적들에게서 나를 자유롭게 하시어
내 침략자들을 굽어보는 자리를 주십니다.
당신은 난폭자들에게서 나의 구원자십니다.
⁵⁰ 그러므로 하나님, 그 나라들 사이에서

당신을 찬양하고 당신의 이름을 시로 노래하여
51 그분의 왕에게 위대한 승리들을 주신 분에게
그분이 지정하신 그 믿음을 다윗과 그 후손들이
영원히 지킬 겁니다.

사무엘하 23장
1 다음은 다윗의 마지막 말들이다.

이새Jesse의 아들 다윗의 말,
높으신 신God이 세운 그 남자의 말,
야곱의 신God이 지명한 자,
이스라엘 시편의 그 가수.

2 하나님의 영이 나를 통해 말씀하시니
그분 말씀이 내 입술 위에.
3 이스라엘 신이 말씀하시니
나에게 이스라엘 반석에 관하여.
'그분께서는 이스라엘을 정의로 다스릴 분이고
신의 두려움으로 다스리는 분이니

4 해 뜨는 아침의 빛과 같고,
비 온 후, 구름 없는 지상의 아침에
풀들의 반짝임과 같은 분이십니다.'

⁵ *확실히 나의 집은 신God께 진실로 있어*
그분께서 나와 영원한 서약을 맺으시어
이 서약들을 언급한 대로 신실히 지킴은
나의 완전한 구원, 모든 기쁨이기 때문입니다.

⁶ *그래서 불신이 앞으로 전혀 싹트지 못하니*
이들은 모두 길 옆에 던진 히스 풀처럼
아무도 그걸 손으로 감히 들지 않을 터이며
⁷ *그 무엇도 아닌 오로지 나무나 쇠 기구뿐입니다.*
이들은 던져진 데서 오직 태우기에나 적합합니다.

'다윗의 영웅들'

⁸ 이들은 다윗의 영웅들 이름이다. 첫째 하크모니트the Hachmonite가문, 이스보셋Ishbosheth⑴이 셋 중 우선인데, 창을 휘둘러서 한 번에 800명 넘게 죽인 자가 그다. ⁹ 그 다음은 아호히트the Ahohithe 가문, 도도Dodo의 아들 엘리아잘Eleazar⑵로 세 영웅 중 하나다. 그가 다윗과 같이, 블레셋에 모였던 전쟁터 파스담밈Pas-dammim에 있었다. 이스라엘이 퇴각할 때로 ¹⁰ 그가 그 자리에 붙어 서서 블레셋에게 타격을 비처럼 가하여, 그가 완전히 지치기까지 싸워 그 손에 칼이 들러붙었다. 그날 하나님께서 큰 승리를 주셨다. 그 후에 사람들이 그 주위에 몰려왔으나 그의 죽음을 걷을 수 있을 뿐이었다. ¹¹ 그의 다음은 하라리트Hararite가의 아지Agee의 아들 샴마Shammah⑶이다. 블레셋이 레히Lehi

에 모였는데, 거긴 아주 좋은 강낭콩을 수확해야 할 들판이었다. 블레셋이 백성들을 도망치게 했을 때 [12] 그가 그 들판에 서서 방어하며 적들을 물리쳤다. 그래서 하나님께서 큰 승리를 갖게 해주셨다.

[13] 수확기가 시작할 즈음에 서른 명 중에 세 사람이 아둘람Adullam 동굴에 있는 다윗을 찾아 내려갔는데 블레셋의 한 무리가 르파임Rephaim 골짜기에 진을 친 동안이었다. [14] 다윗이 그때 요새에 있었고 블레셋 유격대가 베들레헴을 차지하고 있었다. [15] 어느 날 다윗이 열렬히 부르짖길 '만일 베들레헴 문 곁의 우물에서 길은 물 한잔을 마실 수 있다면!' [16] 이에 그 세 명의 영웅이 길을 떠나 블레셋을 통과해 베들레헴 문 곁 우물에서 물을 길어다 이를 다윗에게 가져왔다. 그러나 다윗이 이를 마시기를 거부하고 하나님 앞에 가져가 부으며 [17] 말하길 '하나님께서 그런 일하기를 내게서 금하신다! 내가 그 셋이 그들 목숨의 위험을 무릅쓰고 가져온 이들 세 남자의 피를 마실 수 있는가?' 그가 이를 마실 수 없었다. 이런 세 영웅들의 모험이 있었다.

[18] 제루이야의 아들 요압의 동생 아비새(4)는 삼십 명 중, 으뜸이었다. 그가 창을 휘두르면 삼백 명 이상이 죽었다. 그는 서른 명 중에 유명해서 [19] 몇몇은 그가 서른 명의 나머지 중에 명성이 가장 뛰어나다고 생각한다. 그가 그들의 대장이 되었으나 그는 그 셋과 겨루지 않았다. [20] 제호이야다Jehoiada의 아들 브나이야Benaiah(5)는 캅질Kabzeel 출신인데 많은 수훈자들의 하나다. 모압의 두 투사들을 죽였고, 한번은 눈 내리는 날 구덩이에 내려가 사자를 죽였다. [21] 그가 또한 한 애굽인을 죽였는데 창으로 무장하

고 우연히 나타난 남자다. 브나이야가 곤봉을 가진 그를 만나러 가서 애굽인 손에서 창을 비틀어 뺏고 자신의 무기로 그를 죽였다. 22 이처럼 제호이야다의 아들 브나이야의 공적은 서른의 영웅 가운데 유명하다. 23 그가 나머지 서른 명보다도 유명했으나 그 셋과 겨루지 않았다. 다윗이 그를 그의 식솔로 지명했다.

24-25 요압의 동생 아사헬(6)도 서른 명의 하나였다. 베들레헴 출신 도도의 아들 엘하난Elhanan(7) 하롯Harod 출신 샴마Shammah(8), 하롯 출신 엘리카Elika(9), 26 출신 미상의 헬레즈Helez(10), 테코아Tekoa 출신 익케스Ikkesh의 아들 이라Ira(11), 27 아나톳Anathoth 출신 아비에젤Abiezer(12), 후샤Hushah 출신 메부나이Mebunnai(13), 28 아호히트Ahohite족 잘몬Zalmon(14), 네토파Netophah 출신 마하라이Maharai(15), 29 네토파 출신 바나Baanah의 아들 헬렛Heled(16), 벤저민족의 기베아 출신 리바이Ribai의 아들 이타이Ittai(17), 30 피라톤Pirathon 출신 브나이야Benaiah(18), 가스Gaash 분지 출신 힛다이Hiddai(19), 31 베트-아라바Beth-arabah 출신 아비-알본Abi-albon(20), 바후림Bahurim 출신 아즈못Azmoth(21), 32 엘리아바Eliahba(22), 기조니트Gizonite족 하셈Hashem(23), 하라리트Hararite족 33 샴마Shammah의 아들 요나단Jonathan(24), 하라리트족 샤랄Sharar의 아들 아히암Ahiam(25), 34 마카티트Maacathite의 아들 아하샤이Ahasbai의 아들 엘리펠렛Eliphelet(26), 길로니트Gilonite족 아히토펠의 아들 엘리암Eliam(27), 35 갈멜 출신 헤즈라이Hezrai(28), 알비트Arbite족 파

라이Paarai(29), ³⁶ 조바Zobah 출신 나단Nathan의 아들 이갈
Igal(30), 개디트Gadite족 바니Bani(31), ³⁷ 암몬족 젤렉Zelek(32),
비롯Beeroth 출신 나하라이Naharai(33), 제루이아의 아들 요압
의 무기 잡이(34), ³⁸ 이트리트Ithrite족 이라Ira(35), 이트리트족 가
렙Gareb(36), ³⁹ 히타이트족 우리아Uriah(37), 이들의 수가 모두
서른일곱이었다.

사무엘하 24장 '다윗의 인구조사'

¹ 하나님께서 다시 이스라엘을 향해 분노를 느끼니, 다윗이 이
스라엘과 유다의 인구조사를 지시, 그분을 자극했을 때다. ² 왕이
요압과 그와 함께 한 장교들에게 명하길, 이스라엘의 모든 족속을
둘러보고, 단Dan에서 브엘세바Beersheba까지 백성들을 기록해
그 수를 보고하라 했다. ³ 요압이 '만일 당신의 신 하나님께서 백성
수를 백배로 늘려주시더라도 폐하가 이를 보며 살 텐데 그게 폐하께 무
슨 기쁨을 줍니까?' ⁴ 그러나 요압과 장교들이 왕의 위압에 인구조
사 명령을 위해 그 앞을 떠났다.

⁵ 그들이 요단을 건너 아로에Aroer에서 시작하는데 분지의 마
을로, 갓Gad과 재저Jazer를 향해 진행했다. ⁶ 그들이 길렛Gilead
에 와서, 히타이트 족the Hittites의 땅까지, 카데스Kadesh, 다
음엔 단Dan에서 이욘Iyyon, 그리고 시돈Sidon을 향해 둘러서
갔다. ⁷ 그들이 타이어Tyre의 성벽 둘린 도시까지 멀리 갔고, 히바
이트the Hivites 족과 가나안the Canaanites 족, 다음엔 브엘세
바에서 유다의 네겝Negeb까지 갔다. ⁸ 그들이 온 나라를 조사한

후 예루살렘에 돌아왔는데 아홉 달 스무날 만이다. ⁹ 요압이 왕에게 기록된 수를 보고했다. 운신할 수 있는 남자들, 무기 쓸 수 있는 남자들 수가 이스라엘 80만, 유다 50만이었다.

¹⁰ 인구조사를 한 다음에 다윗에게 후회가 몰려와서 하나님께 말씀 올리길, '내가 아주 사악하게 행동했습니다, 하나님, 당신 종의 죄를 제거해주십시오, 왜냐면 몹시 어리석었기 때문입니다.' ¹¹ 그가 다음 날 아침 일어났을 때 하나님 명령이 예언자 갯Gad 다윗의 무당에게 와서 ¹² 다윗에게 가서 말하라고 하셨다. **'이는 하나님 말씀이다. 내가 너에게 세 가지 일을 제의한다. 하나를 고르면 이를 너에게 가져오리라.'** ¹³ 갯Gad이 다윗에게 와서 이를 보고하며 **'너희 땅에 3년의 기근, 혹은 석 달간 너희 적들에게 가까운 추적에 쫓기기, 혹은 너희 땅에 삼 일간의 전염병이니, 어느 거냐? 지금 깊이 생각해 나를 보내신 그분께 무슨 답을 갖고 돌아가게 해주시오.'** ¹⁴ 다윗이 갯에게 말하길 '이는 내 절망의 궁지입니다. 우리가 하나님 손에 떨어지게 해 주시오, 왜냐면 그분의 자비가 위대하기 때문입니다. 사람들 손에 내가 떨어지지 않게 하여 주십시오.'

¹⁵ 하나님께서 역병을 이스라엘을 통해 아침부터 약속하신 마지막 시간까지 보내셨다. 단부터 브엘세바까지 7만의 백성이 죽었다. ¹⁶ 천사가 그의 팔을 예루살렘을 향해 멸망시키러 뻗었으니 하나님께서 그 악the evil을 후회하시어 백성을 멸하는 그 천사에게 말씀하길 '충분하다! 네 손을 걷으라.' 그 순간 하나님 천사가 제부시트the Jebusite족 아로나Araunah의 타작마당에 있었다.

¹⁷ 다윗이 백성들을 내리치는 그 천사를 보았을 때 하나님께 말

씀 올리길 '죄를 진 건 납니다, 잘못을 행한 거도 납니다. 그러니 이들 불쌍한 양들에게 무슨 상관이 있습니까? 당신의 손을 나에게 그리고 내 가족에게 내려주십시오.' ¹⁸ 갯이 그날 다윗에게 와서 말하길 '가서, 제부시트 족의 아로나 타작마당에 하나님 제단을 하나 세워라.' ¹⁹ 다윗이 갯의 지시에 순종, 하나님 명령대로 올라갔다. ²⁰ 아로나가 왕과 신하들이 그를 향해 오는 걸, 내다보았을 때 그 자신을 왕 앞에 엎드려 ²¹ 말하길 '어떻게 폐하께서 신하의 집을 방문하십니까?' '너에게 타작마당을 사서, 하나님께 제단을 세우기 위해서니 그러면 백성들을 치는 그 역병을 멈추리라, 하셔서다.' ²² 아로나가, '폐하께 청하니, 이를 갖고 당신 뜻대로 하십시오. 보시오, 여기 전 제물을 위한 황소들이 있고 땔감으로 소의 멍에들과 타작썰매들이 있습니다.' ²³ 아로나가 그 모두를 왕에게 그 자신 비용으로 주면서 말하길 '부디 당신의 신 하나님께서 당신을 받아주시길.' ²⁴ 그러나 왕이 아로나에게 **'아니다, 너에게서 이를 살 테다. 나는 나의 신 하나님께 내 비용으로 사지 않은 전 제물을 올리러 가진 않으리라.'** 그래서 다윗은 타작마당과 황소들을 은 50세겔로 샀다. ²⁵ 그가 거기에 하나님께 제단을 짓고 전 제물들whole-offerings과 나눔 제물들shared-offerings을 올렸다. 그러자 하나님께서 그 땅을 위한 그의 기도를 받으시어 그 역병이 이스라엘에서 그쳤다.

생각할 점

삼하 22-24장은 사무엘서 전체의 결론 부분이라 할 수 있다.

다윗이 이스라엘 왕으로 이스라엘 국가 체제를 안전히 온전히 자리 잡은 다음의 과정이 나와서다.

다시 사무엘상서의 마지막이 주요해 되살린다.

사울 왕에게 쫓기던 다윗이 블레셋 땅에 망명을 갔던 1년 4개월 동안에 생긴 일들이다. 다윗이 없는 동안 사울 왕이 블레셋 전투에 패해 사울과 아들들이 죽는다.

사무엘하는 다윗이 그런 소식을 듣고 시작한다.

이때 다윗이 하나님께 문의, 블레셋 땅에서 헤브론의 유다 땅에 와서 왕이 된다. 헤브론에서 7년 반 후에 다윗이 이스라엘 왕에 추대, 예루살렘에 들어온다. 다윗 왕권이 주변국들 사이에 굳건해진다. 다윗은 하나님께 문의해 하나님 도움으로 모든 위기를 극복한다.

다윗이 하나님께 정의를 묻고 그분의 지침에 의해 굳건히 선민들 국가를 다스렸다는 점을 주시해야 한다.

인간 생각으론 그럴듯한 해결점들이 하나님 안목에선 결코 아님을 고려하라는 내용들 위주여서다.

다윗의 선민들 왕국 수립이 순전한 그의 신앙 위주로 펼쳐지기에 하나님 경외심을 우리들에게 일깨워준다.

삼하 22장은 '다윗의 시'

다윗이 세상에서 마지막으로 하나님을 칭송하는 장엄한 시다. 우주 만물을 창조하시고 세상을 지배하는 하나님을 온 세상에 알려주는 웅장한 시다.

마치 모세가 생애 마지막에 하나님을 칭송한 시와 같다.

이스라엘의 신 하나님의 위대함을 찬양한다.

장차 오실 구세주에 관해 감사 칭송을 한다.

다윗이 자신의 선민들에게 하는 마지막 연설 같은 시다.

삼하 23장 1절부터 7절까지 다윗의 마지막 말이라 한다. '이새의 아들 다윗, 높은 신께서 세우고, 야곱의 신께서 지명한 이스라엘 시편의 가수'라고 시작한다.

이는 삼하 22장에서 계속 이어지는 내용이다.

구세주에 관한 분명한 언급을 마지막으로 더한다.

삼하23:8-39 '다윗의 영웅들'

이처럼 삼하 23장 후반에 길게 열거한 다윗의 영웅들의 이름을 필히 주시할 필요가 크다.

왜냐면 다윗의 충성스런 장수들 서른일곱 명에 관해 약식으로 하나하나 소개를 해서다. 이들 다윗의 용사들의 무용담과 그들이 속한 족속까지 세세히 밝혀서 그렇다.

또한 이들이 여러 이방 족속 출신의 장수들이 많아 보인다. 그들의 생명을 다윗에게 걸고 다윗의 하나님을 한 마음으로 일생을 섬겼던 다윗 왕국의 큰 공신들이다.

성서에 이름이 오르다니 큰 영광이다.

이들이 다윗이 사울에게 쫓겨 다니던 초년 시절에 사방에서 그의 명성만 듣고 모여든 오갈 데 없던 용맹하고 충성스런 그곳에 거주하던 선한 사람들이었으리라.

다윗이 이들을 받아들여서 그들의 가족들까지 함께했으리라. 그들도 다윗처럼 생명을 걸고 한 마음으로 힘을 합해 살아야만 생존을 할 수 있었으리라.

다윗의 하나님을 그들도 한 마음으로 믿고 섬기게 되었으리라.

다윗이 젊어서부터 늙기까지 끝까지 충성했으리라.

다윗은 겉모양을 보지 않고 속을 보았던 사람이다.

다윗이 사울에게 쫓기는 처지임에도 목숨을 걸겠다고 모여드는 이들을 마다하지 않고 공명정대히 대했으리라.

그들이 선민들인가 아닌가를 따지지 않았으리라.

다윗 자신의 휘하로 오는 모든 이방인들을 포용했으리라.

이들이 다윗을 따르며 십여 년간을 사울에게서 피신하며 살았으리라.

이들이 다윗이 압살롬의 반역을 피해 예루살렘에서 도망칠 때도 함께했으리라.

하나님께서도 다윗과 함께한 신앙과 진심을 겸비한 이들을 인정하시어 성서에 이름이 오르게 하셨으리라.

이런 기사를 유념해 전쟁과 재해 등의 재난 국들의 난민을 국적과 인종 가리지 않고 우리도 진심으로 도와야 한다.

삼하 24장의 '다윗의 인구조사'

모세5경의 네 번째 책인 민수기에는 선민들의 인구조사가 하나
님 지시로 모세가 두 번을 행한다고 나온다.

이는 지구상에서 첫 인구조사 기록이리라 본다.

인구수가 국력과는 크게 상관이 있다고는 볼 수 없다.

다윗의 불신행위를 이해하기 위해선 민수기를 참조한다.

- 민수기 1장 '시나이 광야의 이스라엘'

민1:1 이스라엘 자손이 애급에서 나온 2년 두 달째 첫날, **시나이
광야**에서 하나님께서 모세에게 말씀하신다.

하나님께서 약속하신 땅을 위해 모세와 아론에게 지시하신다.
선민들이 거기 살던 이방 족속과 대결을 해야 해서다. 이스라엘 열
한 지파별로 나이 20세 이상으로 전투에 나갈 남자들 수를 조사
하라 명하신다.

총 60만 3,550명(민1:46)이라 나온다. (김교신 성서주해를 참조하면, 통계
상으로 이는 인구의 3분의 1이라고 한다. 선민들 열한 지파의 노약자들, 여자들, 어린이들
인 3분의 2를 더하면 약 180만 정도가 총 인구 수다.)

단 레위 지파는 제외하는데 그들은 하나님 언약궤의 성막을 이스라
엘 진중에서 지키라고 명하셔서다. (민1:47-54)

- 민수기 26장 '두 번째 인구조사'

민26:1 하나님께서 여리고 근처 요단강가 모압의 저지대에서 모세
와 아론의 아들인 제사장 엘리아잘에게 인구조사를 시키신다. 이

때도 레위 지파 남자들을 어린이까지 세지만 선민들 각 지파와는 따로 세라고 하신다.

이때의 선민들은 갈렙과 여호수아를 제외하고 시나이 광야에 있었던 선민들은 모두 죽고 그 광야에서 방랑하던 40년간에 새로 태어난 선민들이다. (『단테의 신곡읽기 4』, 히브리서. 민수기에서 보는 선민들의 어리석음 121-131쪽. 그물코. 2017)

이들을 이끌고 여호수아가 가나안에 들어간다.

그리하여 하나님께서 여리고 성이 무너져 내리게 젊은 지도자 여호수아에게 지시해서 선민들을 이끌게 하신다.

그런데 다윗이 어쩌자고 그런 무엄한 생각을 하는가.

더구나 요압이 이에 크게 반기를 들었음에도 다윗이 강제로 밀어붙였다. 이에 아홉 달과 스무 날이나 걸렸다 하니 이 무슨 쓸모없는 낭비였는가.

그나마 다윗이 뒤늦게나마 심히 뉘우친다.

단순히 다윗이 늙어서 깜박한 것일까?

골리앗과 싸우던 소년 다윗의 패기가 어디로 사라졌는가? 그냥 오만해졌는가?

절대 이를 놓칠 리 없는 하나님께서 다윗에게 갯의 예언자를 보내시어 그가 받을 무서운 징벌 셋을 들려주며 하나를 선택하라 명하신다.

하나님의 징벌 셋 중에 다윗이 고르자 역병이 돌아 사흘 만에 선민들 7만 명이 전국 각지에서 죽는다.

그런데 하나님께서도 이를 곧 후회하시며 그런 벌을 지상에 내리는 천사에게 **'충분하다, 중지하라'** 말씀하신다.

이는 세상 통치자들이 오만하면 그들이 다스리는 그 자신의 국민들이 죽어나가게 된다는 하나님의 무서운 경고 기록이다.

하필이면 이러한 기록을 다윗이 말년에 성서에 남기다니.

이로써 성서가 반드시 온 세계 통치자들의 필독서임을 알린다.

사무엘상·하서를 마감하며 사울과 다윗의 자녀 사랑을 비교해 보는 일이 좋을 듯하다.

이유는 인생이란 우리들의 자녀를 통해 그 양상이 달라지는 수가 많음을 사울과 다윗을 통해 배우게 해서다.

또한 하나님께서 아담과 이브를 지으시고 그들 사이에 생긴 자녀로 인하여 성서가 시작했다고 볼 수 있어서다.

하나님 역사의 주관을 그리 시작하신 듯해서다.

더구나 사울과 다윗은 하나님께서 사무엘을 통해서 하나님의 기름부음을 받게 임명하신 이스라엘의 첫 왕들이다.

그들 두 왕의 신앙이 선민들을 다스리며 통치하고 선도하던 정치력과 연관성을 되짚어 생각해 볼 수 있다.

먼저 사울과 요나단 부자를 다음과 같이 살핀다.

사무엘상 14장에는 사울 왕과 아들 요나단의 관계가 나온다. 그날 이스라엘 군이 승리하는 주도권을 아들인 요나단이 시작했다. 그날의 문제점은 단순하다. 두 부자지간에 강한 블레셋과 어떻게 싸울까 하는 전술에 관한 사전 논의 없이 나간다. 요나단이 새벽에 직속부하에게 '이스라엘 하나님이 도와주리라.' 하고 둘이 나가서 전투가 일어난다. 그 전투가 하루 종일 이어진다. 늦은 오후까지의 전투에 지친 요나단이 들판에 질펀한 벌꿀을 찍어 먹는다. 그가 부친이 내린 금식 명령을 몰라서다.

그가 왕명을 어겼기에 죽을 운명의 제비뽑기에 뽑힌다. 사울이 죽이라 맹서까지 해서 요나단도 죽을 각오를 한다. 이에 요나단의 직속 부하들과 온 군사들이 왕에게 반대해 살아난다. 요나단이 승리의 공을 세워서다. 사울이 요나단을 죽이려 했던 기록이 또 있다.

사무엘상 20장은 다윗과 요나단 우정에 관한 내용이다. **사울이 아들 요나단을 죽이러 단창 던지나 이를 피해 나와서 요나단이 다윗에게 피하라 말하며 이별할 때다.** (삼상20:30-34)

묘하게도 이들 두 부자에겐 믿음의 기록이 없다.

사무엘의 말을 중시하지 않은 사울을 닮아서인가.

요나단도 하나님께 진심으로 기도한다는 기사가 없다.

이런 사울에 비해 다윗의 자녀 사랑은 유난하다.

다윗은 첫아들 암논의 잘못도 바로잡지 못하고 압살롬의 잘못도 그냥저냥 지나친다. 그 바람에 하마터면 다윗조차 아들 손에 죽고 그의 가문이 박살날 뻔했다.

다윗이 사울과 다른 점은 생명의 소중함을 알고 자녀일 경우에는 더욱 각별했다는 점이다.

인간 정의의 잣대로는 부친 사울을 거스르는 자식인 요나단이 죽을 만하다.

그러나 상식으로는 암논과 압살롬이 요나단보다 훨씬 더 죽을죄에 가깝지 아니한가.

하나님 시선에서 본다면 요나단이 훨씬 정의롭다.

요나단은 부친이 왕이고 그가 왕위 계승권자이나 이에 절대 연연하지 않았다. 더구나 부친에게 다윗을 죽이려는 건 큰 잘못이라고 간언을 계속 해 왔다.

그런데 부친 사울은 왕 노릇에는 어느 정도 열성을 보이나 자신의 가문이 왕위를 이어야 한다는 욕심만 가득하다.

왜 자신이 왕이 되었는가를 전혀 고려할 줄 몰랐다.

왜 하나님과 사무엘이 그를 위해 슬퍼하셨는가.

다윗의 유난한 자식 사랑에서 그의 후손에서 오실 구세주를 위한 하나님의 인류 사랑을 떠올릴 수 있다.

독생자를 세상에 구세주로 보내주신 하나님이시다.

그리고 그러하신 구세주 예수께선
'원수를 사랑하라' 말씀하신 분이시다.

부모의 자식 사랑은 내리사랑이다.
자식이 부모를 그리 사랑할 수는 없어서다.
다윗에겐 암논과 압살롬이 부친인 그의 마음을 헤아리지 못하는 자식들이라서 그의 마음이 그들에게 향했을 수 있다.
다윗은 그들 각자가 자신 처소에서 잘못을 뉘우치고 조용히 평생의 수를 누리기 바랐으리라.

다윗처럼 훌륭해도 하나님 눈에선 바로 살기가 참으로 어려운 일임을 절감하게 하는 사무엘 서를 마친다.